身内が亡くなったときにすぐすべきこと知っておくべきこと

講談社編
監修　白根　剛　磯村修世　中島朋之

講談社

はじめに

大切な身内を亡くした遺族には、
驚くほどたくさんの「すべきこと」が待ち受けています。
葬儀の打ち合わせや近親者への連絡に始まり、
死亡届や火葬許可証の手配、健康保険や年金の資格喪失届や
世帯主変更届などの手続き、遺産相続、
銀行口座や不動産の名義変更……。
そのたびに役所や金融機関に足を運び、
渡される書類の束の厚みに途方に暮れたという話が後を絶ちません。
問題は、「ほとんどの人にこうした経験がなく、
わからないことだらけ」だということ。
お葬式一つとってみても
「大切な父や母を送り出したのが初めて喪主となる経験だった」
というケースが多いのではないでしょうか。

そこでこの本では、「80代の父を亡くした家族」を登場人物として、
身内の死後に遺族が「すべきこと」について、
一つひとつ取りあげていきます。

時間の制約がある中で、さまざまな手続きを行わねばならない方に、
本書の内容が少しでも役に立てばと願ってやみません。

2020年3月1日

本書は2020年3月1日現在の法令・制度等に基づいて制作しています。法令や制度、データ等は変わることがあります。役所や金融機関等の手続きの際には、個別に最新情報を確認していただくようお願いいたします。
本書はあくまでも一般的な情報の提供を目的としています。地域により制度や慣習、名称等には違いがあり、また手続き等においても個々の状況によっては本書と異なる内容・結果となる場合があることをご留意ください。本書では葬儀や法要の内容については、仏式で記載しています。

身内が亡くなったときにすぐすべきこと 知っておくべきこと

もくじ

本文中の 必須! 必要 必要なら マークについて

関わる人の割合の目安となるように、各見出しに付けました。ただし、個々の状況や地域差などもあり、必ずしもマークの通りとならないこともあります。

本書の登場人物紹介

この本では、ある架空の一家を例にとって、
身内が亡くなったときにすぐすべきことや必要な手続き、
届け出などについてわかりやすくご説明していきます。
みなさんのご家族とも重ね合わせてご覧ください。

音羽家の人々

母

音羽道子（82歳）

専業主婦。子どもたちが独立したため、夫の遺した自宅に一人住まい。

長女

講談京子（53歳）

実家から電車で1時間半ほど離れたところに住む。子育てをしながら自営業の夫の仕事を手伝う。

長女の夫

講談くに男（55歳）

自宅兼店舗で自営業をしている。働き盛りのパパだが、事業の資金繰りに少し苦労している。

孫（京子の三男）

三郎（14歳）

野球部所属の中学2年生。

孫（京子の次男）

二郎（18歳）

大学受験を控えた高校3年生。

孫（京子の長男）

一郎（22歳）

来年就職予定の大学4年生。

音羽家の質問に答えてくれる先生たち

葬儀・法要と関連する手続きなどについて

白《しら》根《ね》 剛《たけし》さん

株式会社セレモア取締役専務執行役員。厚生労働省認定葬祭ディレクター技能審査一級葬祭ディレクター。家族葬から大規模葬まで手掛ける。

各種届け出や相続の手続き、遺言などについて

磯《いそ》村《むら》修世《しゅうせい》さん

ところざわ相続専門学院代表。行政書士。死後の諸手続きの相談や代行、遺言の作成のスペシャリスト。

遺産分割や遺産の評価、相続税の申告などについて

中《なか》島《じま》朋《とも》之《ゆき》さん

アクタス税理士法人所属。税理士、行政書士。遺産相続に関するスペシャリストとして、毎年数多くの遺産分割、相続税申告業務を行っている。

父

音羽太郎（85歳・死亡）

元会社員で、定年後は妻と2人で年金暮らし。遺産には土地付き一戸建ての自宅（8000万円相当）と預貯金が約2000万円、株式がある。自宅での数年の介護生活ののちに亡くなる。

長男の妻

音羽国子（54歳）

パートのかたわら週3日はまもるの実家に通い、太郎の介護をする道子を手伝っていた。

長男

音羽まもる（56歳）

実家の近くに住む会社員。妻と娘との3人で住む自宅は、あと少しでローンを完済予定。

孫（まもるの長女）

国美（24歳）

昨年、大学を卒業して就職した。自宅から通勤している。

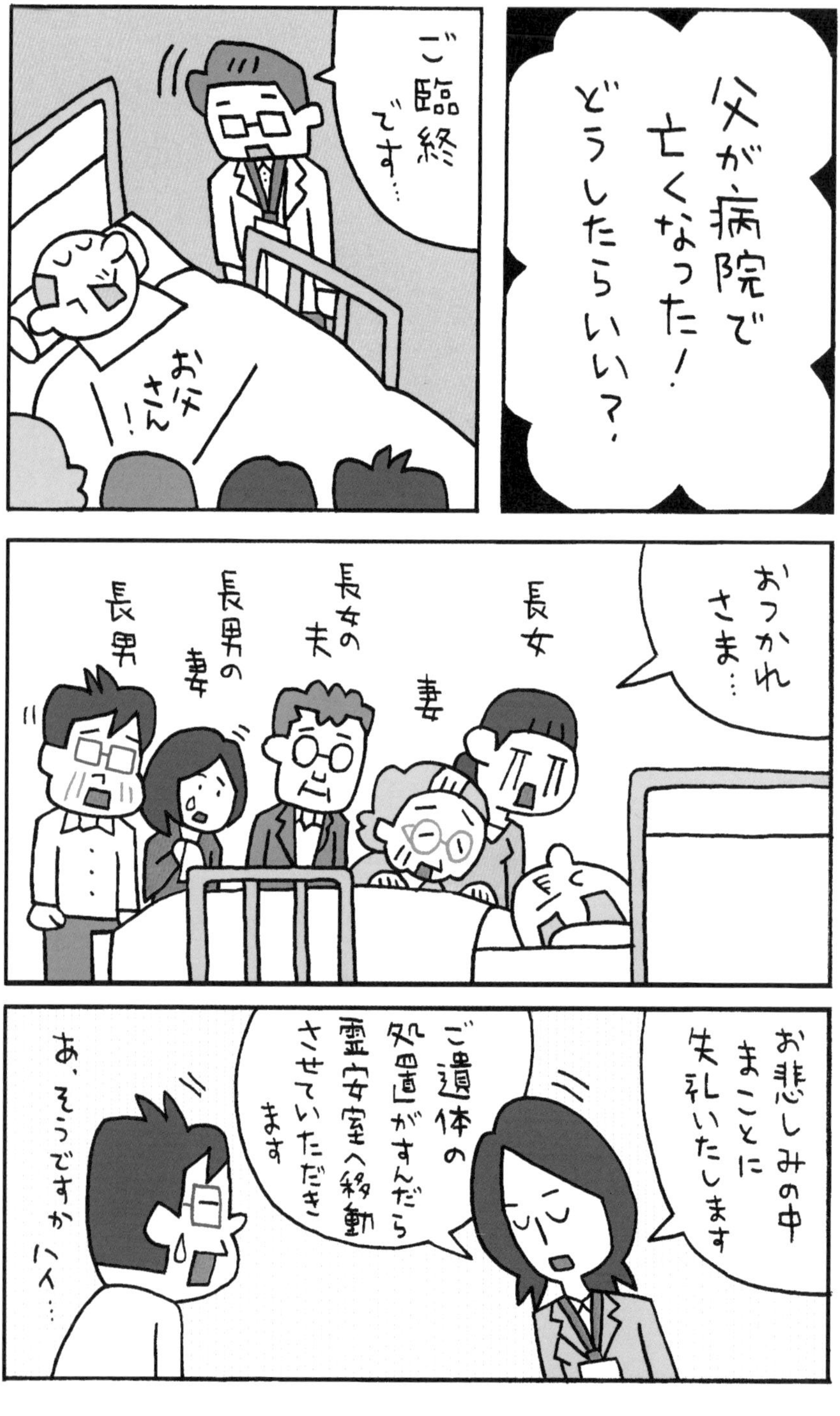
父が病院で亡くなった！どうしたらいい？
ご臨終です…
お父さん！
おつかれさま…
長女
妻
長女の夫
長男の妻
長男
お悲しみの中まことに失礼いたします
ご遺体の処置がすんだら霊安室へ移動させていただきます
あ、そうですか ハイ…

すでにお決まりの葬儀社などございますか？
いやーどうだろう…
そもそも自宅にいったん連れて帰るのか…
それとも葬儀場に直接か…
う〜ん
母さん、お葬式どうする？
葬儀社のパンフとかもらったけど
今は何も考えられないよ
アンタが決めて
オレだってはじめてで決められないよ〜
う〜ん…
セレモニ〜
メモリアル
ヘイSiri
どんなお葬式にするか決めて!!
私にはその操作はできません
スマホにきくな〜っ!!

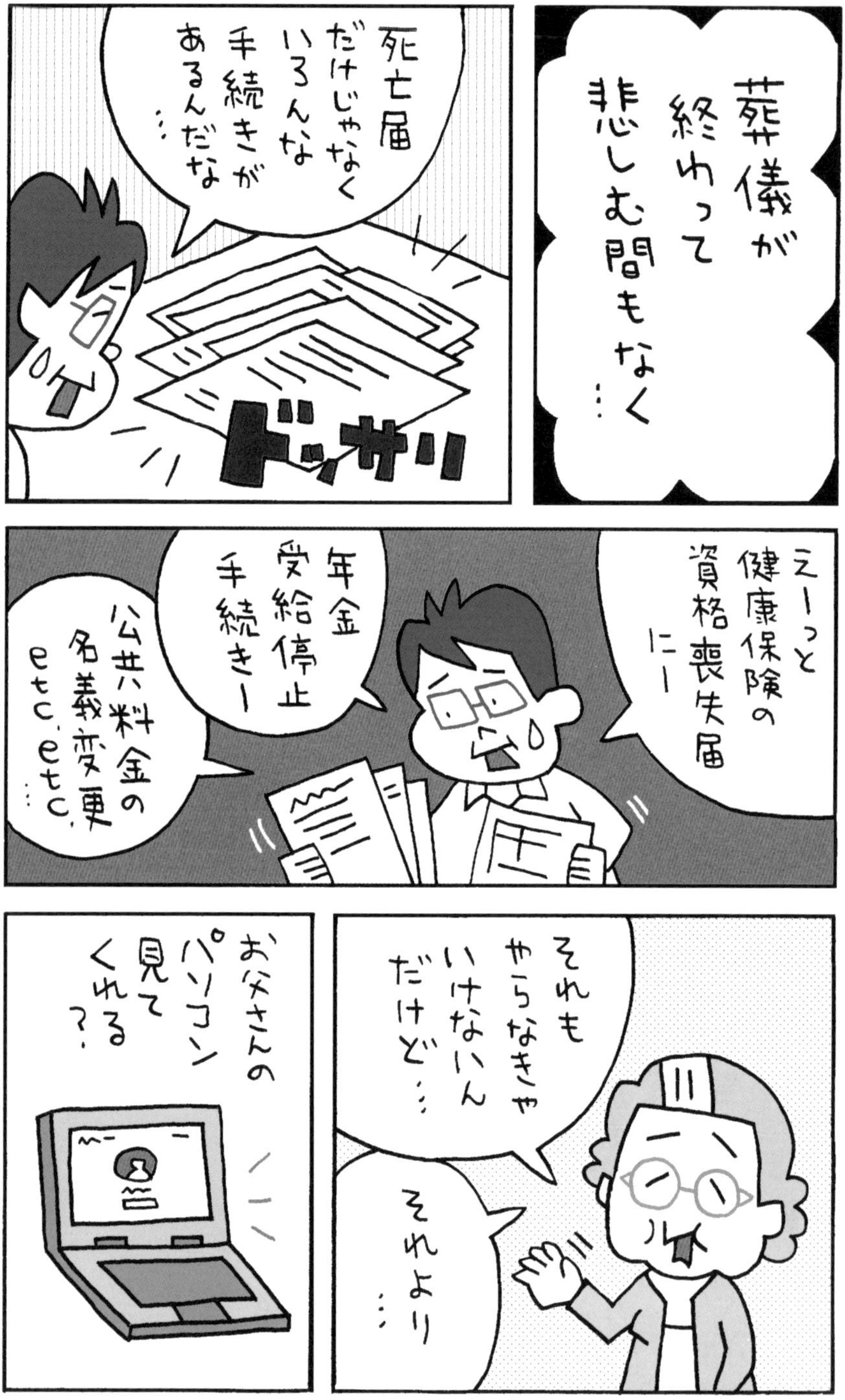
葬儀が終わって悲しむ間もなく…
死亡届だけじゃなくいろんな手続きがあるんだな…
ドッサリ
えーっと健康保険の資格喪失届にー
年金受給停止手続きー
公共料金の名義変更etc. etc.…
それもやらなきゃいけないんだけど…
それより…
お父さんのパソコン見てくれる？

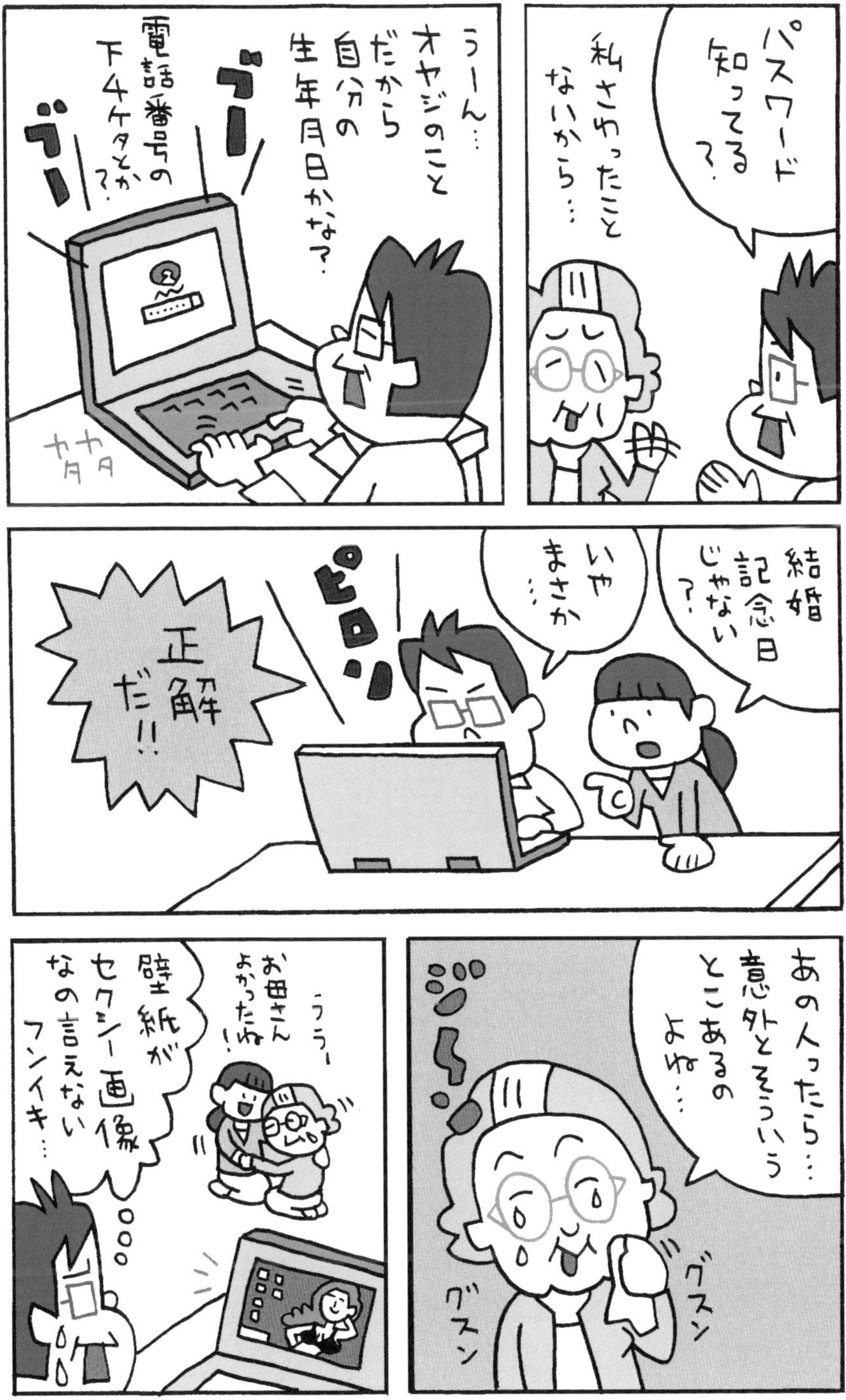
パスワード知ってる？
私さわったことないから…
うーん…オヤジのことだから自分の生年月日かなァ…
ブー
電話番号の下4ケタとか？
ブー
カタカタ
結婚記念日じゃない？
いやまさか…
ピロン
正解だ!!
あの人ったら…意外とそういうとこあるのよね…
ジ~ン
グスン
グスン
ウフ~
お母さんよかったね!
壁紙がセクシー画像なの言えないフンイキ…

手続きに必要な書類は事前に確認！
お父さまの後期高齢者医療保険資格喪失届ですね
保険証、死亡届と…
ハイ
本人確認書類はございますか?
免許証でいいんですよね?
あっ!
免許証忘れてきちゃったんですけど、かわりに…
suicaじゃダメですか?
suica
ダメです

×△区役所
あ〜
せっかく有休とって役所に来たのにまた出直しか〜〜
チェックリスト作っておけば大丈夫だな!
国保資格喪失届
保険証
死亡届(コピー)
本人確認書類
認め印
これでOK!!
後日——。
×△区役所
では認め印を
印鑑ケースの中身カラだった——っ!!
おつかれさまです
また出直し…

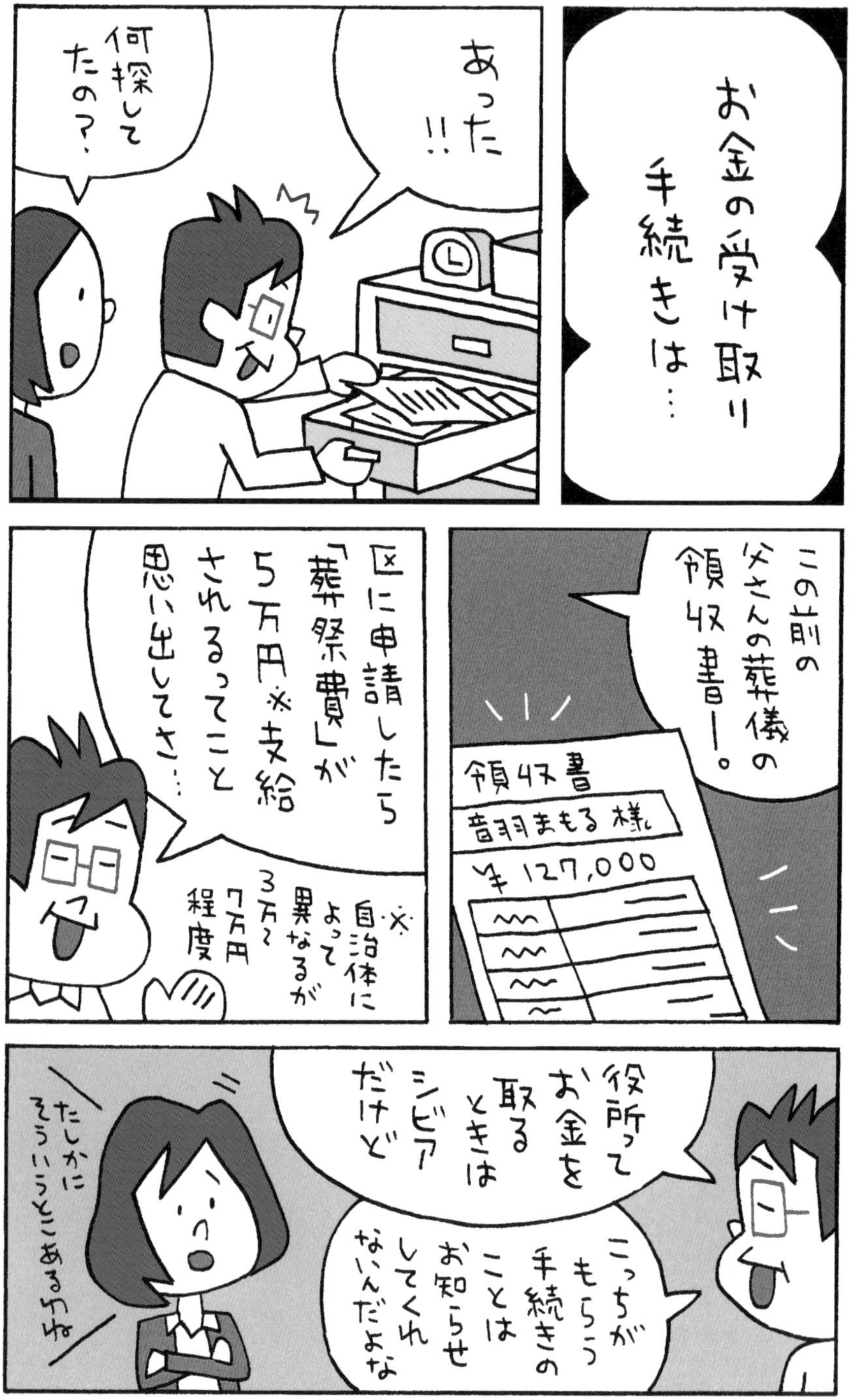

お金の受け取り手続きは…
あった!!
何探してたの?
この前の父さんの葬儀の領収書ー。
領収書
音羽まもる様
¥127,000
区に申請したら「葬祭費」が5万円※支給されるってこと思い出してさ…
※自治体によって異なるが3万〜7万円程度
役所ってお金を取るときはシビアだけど
こっちがもらう手続きのことはお知らせしてくれないんだよな
たしかにそういうとこあるかな

お父さん
よく
思い出し
たね
あんなに
忘れっ
ぽいのに
…
それが
さ…
死んだオヤジが
昨晩夢枕に立って
こんなこと
言ったん
だよ！
まもる…
何か忘れとる
ことはないかな
…
ボワ
ボワ
おじいちゃん
ありがとう
5万円
助かり
ます
！
ホントは
月命日
だから
花ぐらい
供えろって
言いたかった
んだけど
…
ナム
ナム

四十九日が終わって
遺産相続の
手続きへ――
オヤジ名義の資産って
この家と…
あとはこの預金と株だけ？
そうよ
隠し資産とかないの？
アハハ
ないわよ！
でもホラ
あとから出てくるといろいろややこしいから

あ!!
そういえば…
ゴソゴソ
これ…お父さんが横山大観の絵だって言ってたけど
ええっ!!
それ本物だったら数千万円だよ!!
すごいじゃん!!
う一む
ジィ
このサインは…
横山小観って書いてあるわ…
誰よそれ?
処分します…

相続でももめる原因になりがちなのは…
ただいまー
おかえり!!
相続の話どうだった?
だいたい家族で配分を決めてあとは手続きするだけと思ってたら
京子(妹)のダンナがちょっと不満らしいんだよ
長女一家
どうも遺産をあてにして、オヤジの入院中にすでにリフォームの見積もりとったりしてたらしいよ
え〜 なにそれ!!

まあ彼にしてみたらオヤジは肉親じゃないし、そんなもんじゃないか？
でも不謹慎よ！！
プンプン
ところでそれ…何見てたの？
いや…コレは何でもないの！！
ガサガサ
ウチの嫁も思いっきり遺産あてにしてんじゃん！
ヨーロッパ世界遺産周遊
ローマ
パリ
アテネ
6泊7日～
お父さんの遺産で世界遺産めぐりなんつって…
テヘ

相続の手続きは誰に相談すればいい?
相続の手続きってややこしくて自分で全部やるのは難しいな……
う〜〜ん
田舎のおじさんがお願いしてる税理士さん
あの人に来てもらう?
いや、オレがネットで適当に探したほうが早いだろ
まかせてよ!
う〜ん
なんかいっぱいあるな……
□相続税のことなら
○×税理士事務所
相続のことは—
○×△□税理士
相続税の—
カチッ
この一番上のところでいいや!!

あざっス！○×税理士事務所の茶良井ですぅ〜あざっス！
超スピーディかつ低価格でガッツリ節税対策しますんでよろしくっス!!
茶良井 軽男
うわーダメだこりゃ!!
やっぱりおじさんちの税理士さん紹介してもらお！
どうも税理士の高木です
このたびはご愁傷様です…まずお父さまにお線香を…
ナムナム
圧倒的安心感…
ほら〜

いちおう相続の手続きを終了して――
このたびはいろいろありがとうございました
いいえ
誠に申し上げにくいのですが今後のことに備えていろいろ話し合っておかれたほうがよいと思いますよ
そっか…オフクロが亡くなったら二次相続だもんな
とりあえず預金がいくらあるか全部わかるようにしておいてね
ウンウン
わかったわかった

へそくりとか隠したまま死んじゃったりして
家売ってから見つかったりすると目も当てられないからさ
いやねー
へそくりなんて……
チラ
してないわよアハハ
チラ
あの柿の木の下あたりをめっちゃ見てたんだよね……
今度掘ってみよっか!
バレたカー

遺言が見つかった!!
父さんのパソコンに「遺言」っていう動画ファイルが!!
父さんの遺言.mov
そんなのきいてないわよ
遺産分割について何か言ってるかもしれないな…
えっ
でも動画は「遺言書」としては無効だと思うよ。自筆で署名、捺印などが必要だから—
とりあえず見てみよう!
カチ
あーあー
オホン
0:07

道子、まもる、京子…みんな今までありがとう
父さん幸せな人生だったよ…
1:03
ジ〜〜!
父さん…
では最後に一曲歌います…
きいてください「マイ・ウェイ」!!
は?
歌はいいから早送りして!
たしかに!!
ちょっとアンタたち! お父さん化けて出るよ!!
アハハハハ
フフフ

身近な人が亡くなった後の1年間の流れ※1

大切な人を亡くしてから1年間に起こる、主な「するべきこと」を表にまとめました

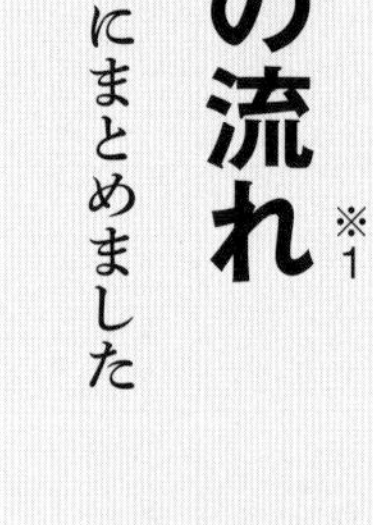

直後

- 遺体搬送・安置
- 親族・知人・菩提寺への連絡
- 葬儀社の決定
- 死亡届・火葬許可申請書（7日以内）
- 通夜・葬儀・告別式
- 火葬・埋葬許可証
- 初七日法要
- 健康保険資格喪失届（14日以内／会社員など、およびその被扶養者（※2）は5日以内）
- 介護保険資格喪失届（14日以内）
- 年金受給権者死亡届（厚生年金は10日以内、国民年金は14日以内）

※1 仏式の場合をもとに作成
※2 以下、本書では「会社員など」と表記

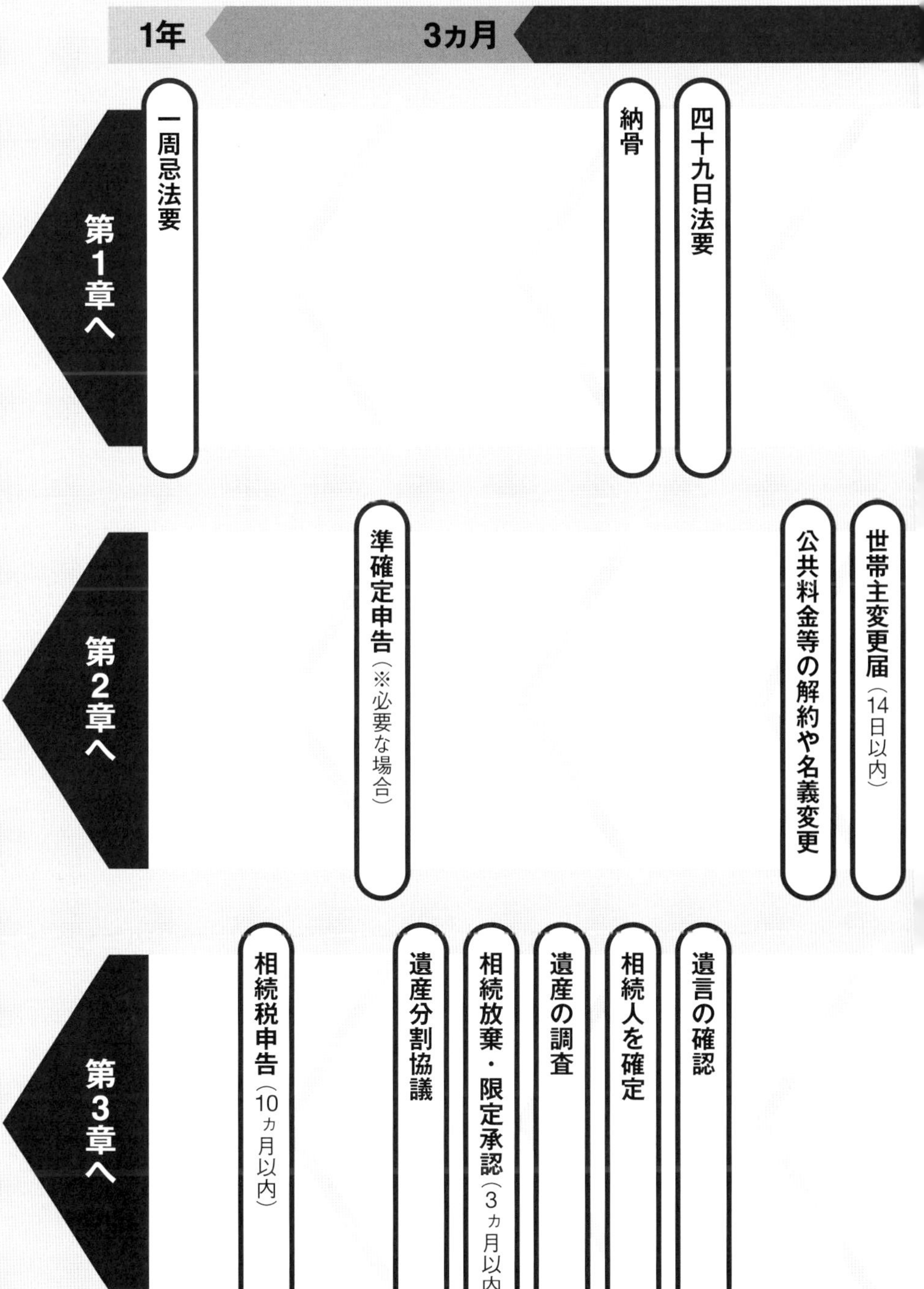
3ヵ月
1年
四十九日法要
納骨
一周忌法要
第1章へ
世帯主変更届（14日以内）
公共料金等の解約や名義変更
準確定申告（※必要な場合）
第2章へ
遺言の確認
相続人を確定
遺産の調査
相続放棄・限定承認（3ヵ月以内）
遺産分割協議
相続税申告（10ヵ月以内）
第3章へ

身近な人が亡くなった後の手続きを確認しましょう

期日の定めのあるものから、優先順位をつけて行いましょう

大切な身近な人が亡くなったとき、残された家族は悲しみに暮れる間もなく生じる多くの「するべきこと」に戸惑います。混乱して疲れないように、優先順位をつけて行いましょう。あわてなくていいのです。

まず必ずしなければならないのが、お葬式。縁のある人に伝えるところからお葬儀が終わり四十九日法要がすむまでは、亡くなられた方にきちんと向き合う時をすごしましょう。

Check! できるだけ早めに行う手続き

- ☐ 金融機関（銀行や信用金庫など）への連絡
- ☐ 公共料金（電気・ガス・水道）・電話（固定・携帯）等の変更、解約
- ☐ 運転免許証の返納
- ☐ クレジットカードやインターネット等の解約・名義変更

Check! 葬儀関係の手続き

- ☐ すみやかに／死亡診断書（または死体検案書）の受け取り
- ☐ 3日以内（目安）／通夜・葬儀・告別式の手配

Check! 各種届け出関連の手続き

- ☐ 5日以内／（会社員など）健康保険証の返却・資格喪失届の提出
- ☐ 7日以内／死亡届・火葬許可申請書の提出
- ☐ 10日以内／厚生年金受給停止手続き
- ☐ 14日以内／国民年金受給停止手続き
- ☐ 14日以内／国民健康保険資格喪失届の提出
- ☐ 14日以内／介護保険等資格喪失届の提出
- ☐ 14日以内／世帯主変更届の提出
- ☐ なるべく早めに／必要書類（戸籍謄本・住民票・印鑑証明書・マイナンバー等）の準備

Check! お金の支給手続き

- ☐ 2年以内／国民年金死亡一時金の請求
- ☐ 2年以内／葬祭費・埋葬料（埋葬費）の申請
- ☐ 2年以内／高額療養費・高額介護サービス費の払い戻し申請
- ☐ 3年以内／生命保険金の請求
- ☐ 5年以内／未支給年金（死亡した月の分まで）の請求
- ☐ 5年以内／（国民年金の場合）遺族基礎年金を請求
- ☐ 5年以内／（厚生年金の場合）遺族厚生年金を請求

Check! 遺産相続関係の手続き

- ☐ すみやかに／遺言書を探す
- ☐ すみやかに／誰が相続するのか確定させる
- ☐ 3ヵ月以内／遺産がどれくらいあるのかを調べる
- ☐ 3ヵ月以内／相続放棄・限定承認
- ☐ 4ヵ月以内／準確定申告
- ☐ 10ヵ月以内（目安）／遺産分割協議
- ☐ 10ヵ月以内／遺産の評価がどのくらいになるのか調べる
- ☐ 10ヵ月以内／相続税の申告・納税
- ☐ いつでも／預貯金・有価証券（株式など）・不動産・自動車等の名義変更

死亡届を役所に提出すると、たくさんの手続きや届け出が必要になってきます。また、亡くなった方の関係各所に連絡をするとさまざまな書類が送られてきます。まずは、①名前と必要事項を記入する程度の自分でできるもの、②知識や判断力が必要とされプロの手を借りて行った方がよいもの、の2種類に分けます。

自分でできる手続きは、期日の定めが近いものから順に行っていきます。このとき、期日を越えると支払いが生じるものがありますので注意します。

専門の知識を必要とするためプロの手を借りて行いたいときは、親身になって相談できる専門家を見つけることがポイントとなります。

法事・事務手続きの日程表 （四十九日まで）

いつ何をするか、また手続きの期限などがわかるよう、日付を記録しておきましょう

葬儀・法事	日付
通夜	年　月　日
葬儀・告別式	年　月　日
初七日法要	年　月　日
四十九日法要	年　月　日
納骨	年　月　日

主な手続き		日付
死亡届・火葬許可申請書		年　月　日まで（7日以内）
健康保険資格喪失届		年　月　日まで （14日以内／会社員などは5日以内）
介護保険資格喪失届		年　月　日まで（14日以内）
年金受給権者死亡届		年　月　日まで （厚生年金は10日以内、国民年金は14日以内）
世帯主変更届		年　月　日まで（14日以内）
公共料金等の解約や名義変更	電気	年　月　日ごろまで （できるだけ1ヵ月以内がのぞましい）
	ガス	
	水道	
	NHK受信料	
	電話（固定、携帯）	
	その他（　　　　）	

※手続きは人によって不要なものもあります

第1章

亡くなった直後から始まる

「葬儀・法要」ですべきこと

※各手続きの制度や名称、方法、必要な書類等は、地域によって異なる場合があります。

すぐにわかる！ 亡くなった直後の手続きの基本

亡くなった人を送ることに気持ちを集中させる

身近な人が亡くなった直後は、自分たちが主体となって動かなければ何事も進みません。お葬式が終わるまでは、**亡くなった方を心を込めて送ることに気持ちを集中させましょう。**

お葬式を行うと同時に、さまざまな届け出やお世話になった人への連絡など、することがたくさんあります。すぐにしなければならないこと、お葬式が終わってからでも間に合うことに分けて、**優先順位をつけて行います。**

亡くなった方のエンディングノートなどが残されていれば、その希望に沿ったお葬式を執り行いましょう。

左のページでは、時系列に沿った主な流れをまとめていますが、近年、時期や地域、家族の事情等によっては、斎場や火葬場の予約が1週間以上も取れず、必ずしもこの通りにいかないというケースも多くなってきています。各自の状況に合わせた、柔軟な対応が必要となりそうです。

慌てなくてすむように
信頼できる葬儀社を選び、
何でも相談してみましょう

株式会社セレモア
白根 剛さん

葬儀・法要の主な流れ

死去

直後
- 遺体搬送・安置　34~35ページ
- 親族・知人・菩提寺への連絡　35ページ
- 葬儀社の決定　36~37ページ
- 通夜・葬儀・告別式の打ち合わせ　36~37ページ
- 通夜　40~41ページ
- 葬儀・告別式　42~43ページ
- 火葬　43ページ
- 葬儀費用の支払い　44~45ページ

7日以内（目安）
- 初七日法要　43ページ
- お墓と納骨予定日の確認　46~47ページ

49日以内
- 四十九日法要　48ページ

49日以降
- 香典返し・納骨報告　49ページ
- 遺品の整理・形見分け　50~51ページ

1年以内
- 一周忌法要　52~53ページ

Check! 亡くなってから約1週間で行う主な手続き

	期限	種類
□	すみやかに	死亡診断書（または死体検案書）の受け取り
□	5日以内	健康保険資格喪失の手続き（※亡くなった人が会社員などの場合。勤務先の代行がほとんど）
□	7日以内	死亡届の提出
□	火葬当日	火葬許可申請書の提出
□	火葬後	埋葬許可証の受け取り

必須！

直後

遺体を搬送して安置する

最期のときこそ落ち着きましょう

病院での看取りのあと安置場所で困るケースも

今、日本ではほとんどの人が最期のときを病院で迎えています。病院と自宅では、亡くなった場合の対応の仕方が違います。

病院では医師が死亡を確認したのちに、死亡診断書を渡されます。次に処置室に移され、看護師などによって遺体処置や着替えが施されて、霊安室に移動します。

その後に安置場所に遺体を搬送するのですが、都心部では、マンションなどで住宅が狭かったり、ペットや小さな子どもがいたり、何らかの事情ですぐにお葬式ができないといった理由で、自宅に遺体を安置できない場合があります。そのような場合は、葬儀社の霊安室や火葬場の霊安施設などに安置することもあります。

安置場所が決まったら、遺体を葬儀社の寝台自動車で搬送します。その葬儀社にどこまでしてもらうかを、最初にきちんと話しておきます。

というのも、ここまでは病院が提携している葬儀社が関わるケースが

Q 自宅以外の場所に故人を安置する場合に注意することは？

A 納棺や、面会時間などについて事前に確認しておきましょう

納棺を行ってから安置するケースもあります。納棺は親族が立ち会う大切な儀式ですので、いつ、どこで行うかを確認しましょう。また、面会時間に制限があったり、お線香の使用やお焼香が禁止されていることもあります。どのような場所なのか、確認しておくと安心でしょう。

多く見られますが、必ずしもその葬儀社にお葬式まで依頼しなければいけないわけではないからです。その後のお葬式は、家族と縁があったり、自分たちで探した葬儀社に頼んでもよいのです。

　亡くなったのが自宅など病院以外の場所で、生前に診療を受けていた傷病以外の理由で亡くなり、かかりつけの医師が特にいない場合は、警察に連絡する必要があります。警察は現場の様子を確認して遺体を警察の霊安室に搬送し、事件性があるかどうかの判断をします。

親族と知人、菩提寺に連絡を

　親族や知人への連絡は、電話などですみやかに行います。危篤状態になった段階で、家族や行き来のあった親族など、会わせてあげたい人に連絡を。亡くなった直後も、すぐに来てほしい人に連絡を取ります。

　同時に、菩提寺がある場合は僧侶への連絡も行いましょう。僧侶の都合を確認してから、通夜や葬儀、火葬などの日程を決めるため、早めに連絡を取ることが必要です。

　葬儀の日時が決まったら、親族・友人・知人・勤務先など、関係者に連絡をしましょう。遺族は勤務先に忌引休暇の申請をします。

もしものときの連絡リストを作っておく

　亡くなった人がどのような交友関係を持っていたかが不明で、どこに連絡したらいいかわからない――。特に離れて住む家族は把握できないもの。親が高齢の場合など、普段から交友関係を聞いておいて、できるだけリスト化しておくのがベスト。

電話連絡に必要なこと

「誰に何を伝えるか」を整理する

❶第一報（危篤状態・逝去直後）↓家族・近しい親族
故人の氏名、自分との続柄、病院や施設の名称

❷第二報↓会社
故人の氏名、自分との関係、お葬式の日時と場所
遺族は勤務先に忌引休暇の申請も

❸第三報↓親族・知人など
故人の氏名、自分との続柄、お葬式の日時と場所

必須！

3日以内（目安）

通夜・葬儀・告別式の手配をする

最初にしなければいけない大切なことです

電話の応対がよく、フィーリングの合いそうな葬儀社を探す

後悔しないお葬式をするためには、家族に合った葬儀社に出会えるかどうかが大きな分かれ目となります。自分が初めて喪主となるお葬式が父母のときという人がほとんどです。通夜や告別式に参列するのとはまったく違い、戸惑うことばかり。プロの葬儀社のサポートは欠かせません。

葬儀社を選ぶ際のもっともシンプルな判断材料は、「電話の応対がよいかどうか」です。ここでフィーリングが合わなければ、他を当たるようにしましょう。また、きちんと見積もりを作成して、内容を説明してくれるかどうかもポイントです。

このほか、もし時間があるのなら、実際に使った人に評判を聞くのもよいでしょう。家族の話をよく聞いて寄り添い、お葬式が終わってからも相談に乗ってくれる葬儀社であれば安心です。

よい葬儀社を選ぶためにもあらかじめ準備を

亡くなってしまってからでは、考えるいとまもなくすぐに葬儀社を決めなければなりません。急いで搬送先を探さねばならないような状況では、比較・検討した中からよい葬儀社を選ぶ余裕などなくなります。

もしものときに備えて、いくつかの葬儀社の窓口で話を聞いておくのも一つの方法です。事前に安心して頼める葬儀社を決めておくと、いざという時に慌てなくてすみます。

心を込めて送るためのお葬式のかたち

葬儀社が決まったら、どのようなお葬式にしたいかを考えます。亡くなった方が言い遺していたり、エンディングノートに希望が書かれているなら、それを尊重します。

お葬式もさまざまな形式が増えています。

- 一般葬――家族だけでなく、友人や知人らも参列してお別れをする、一般的な通夜と告別式
- 家族葬――家族や親族だけで行う
- 一日葬――通夜を行わずに葬儀・告別式と火葬だけを行う

などが見られるようになりました。

ただ、家族のみでお葬式をすませてしまうと、お別れができなかった方が心を残すことになります。あとから知って、自宅へお焼香にうかがうといったこともあるようです。そこでお葬式は家族で行い、「お別れの会」「偲ぶ会」などを開いて、多くの人に故人へのお別れをしてもらうといった方法も最近では見られます。

喪主が決まったら、お葬式のかたちや規模、費用について家族で相談します。喪主とは、お葬式を執り行うための判断や決定をし、全体を取り仕切る遺族の代表者のこと。施主は葬儀の代金を負担する人のことで、ほとんどの葬儀では喪主が施主を兼ねています。

TOPICS

スマートフォン、パソコンで葬儀社を探すときの注意点

最近では、インターネットを使って葬儀社を探すご家族も増えてきました。検索で見つけた葬儀社のよしあしをホームページで見極めるには、**①葬儀代が明記されているか、②住所や電話番号が記載されているか、を確認する**ようにします。そもそも、下請けの葬儀社を紹介するだけのサイトであることが多く、紹介されている会社の中にはオフィスがないなどで、代表者や社員の自宅を住所にしていたり、悪質な場合は架空の住所を掲載しているケースも。場合によってはネットの地図検索を使って調べてみるのもよいでしょう。金額の安さだけで決めるのは避けるようにします。

必須！

直後〜7日以内

臨終後すぐに提出する書類

最初にお葬式と火葬、埋葬するのに必要な書類を提出します

亡くなったことを知らせ、お葬式をするための届け出

お通夜やお葬式の手配であわただしいなか、届け出なければならない書類があります。まずは役所に死亡したことを伝え、埋葬するための許可を得る書類を最優先します。期日の決まりがある書類に注意しましょう。

お葬式の後でも間に合うものはひとまず置いておき、お葬式に必要な書類から届け出るようにします。

●死亡診断書（または死体検案書）を受け取る

病院や自宅で医師が死亡を確認した場合は、その医師が作成した死亡診断書を受け取ります。自宅そのほかの場所で、生前に診療を受けていた傷病以外の理由で死亡した場合は、警察の検案後に医師（監察医）から死体検案書が交付されます。

死亡診断書（または死体検案書）は、亡くなったことが判明した当日か翌日に交付してもらいます。以後の手続きに必要なことがありますので、コピーを数枚取っておきます。

Q 家で亡くなった場合は警察を呼ぶのですか？

A かかりつけの医師がいる場合は連絡してみましょう

病気療養中で入退院を繰り返している人は、自宅で亡くなる可能性もあります。医師が死亡に立ち会えなかったとしても、死後に診察を行って、生前に診療していた傷病に関連して亡くなったと判定できれば、医師に死亡診断書を交付してもらえます。この場合は、基本的には警察を呼ぶ必要はありません。

●死亡届を提出

死亡診断書（または死体検案書）を受け取ったら、死亡届を書いて市区町村役場に提出します。死亡届の提出は、診断書に記入された死亡日から7日以内に行わなければなりません。国外で亡くなったなら、その事実を知ってから3ヵ月以内に提出します。葬儀社が代行してくれるケースが多いです。

死亡届の提出方法

提出先	故人の死亡地、本籍地、届出人の所在地の市区町村役場
提出する人	親族、同居者、家主、地主、後見人など（葬儀社の代行も可）
必要なもの	死亡診断書（または死体検案書）、届出人の印鑑
期限	7日以内

●火葬許可申請書を提出

同時に、火葬許可申請書も市区町村役場に提出します。こちらも葬儀社の代行が可能です。受理されて処理がすむと、火葬許可証が交付されます。火葬は原則として死後24時間たたないと行えません。友引の日は、火葬場は休みのところが多いので気をつけます。火葬が行われると火葬場から埋葬許可証が交付されます。

火葬許可申請書の提出方法

提出先	死亡届を出した市区町村役場
提出する人	死亡届を提出した人（葬儀社の代行も可）
必要なもの	死亡届、届出人の印鑑、身分証

書類提出の流れ

火葬や埋葬のために必要な書類です。これらの申請書の提出は、葬儀社が代行してくれる場合もあります。

- **死亡診断書（または死体検案書）**の受け取り
- **死亡届**
  死亡診断書（または死体検案書）
  ＊コピーしておく
  火葬許可申請書を役場に提出
- **火葬許可証**の交付
- **火葬許可証**を火葬場に提出
- **埋葬許可証（火葬許可証に押印）**の交付
- **埋葬許可証**を墓地に提出
- 埋葬

必須！

5日以内（目安）

通夜を執り行う

通夜までに戒名を授かります。最近は徹夜の「夜とぎ」はしない傾向も

一夜を通して別れを惜しむ儀式 現代では半通夜が増加

一般的な葬儀の場合は、葬儀と告別式の前日に通夜を行います。通夜の翌日が友引の場合には、通夜も含めてスケジュールをずらしたり、その他さまざまな事情から遅れる場合もあります。付き合いのある菩提寺があるなら連絡して導師（葬儀を執り行う僧侶）の都合を優先します。菩提寺がない場合は、葬儀社に手配を頼みます。

通夜とは、亡くなられた方と関係の深かった親族、友人・知人などが集まり、葬儀の前に一夜を通してお別れを惜しむ式のことです。最近では、夜通しではなく1～2時間ほど弔問に来ていただく半通夜も増えています。

戒名を授かり、亡くなった方を送る

お通夜が始まる前に、菩提寺あるいは葬儀社が頼んだ導師が到着します。

導師は通夜のときまでに戒名を授け、白木の位牌に書き込んできてくれます。戒名は宗旨・宗派によって

法名・法号ということもあります。亡くなった方の趣味や人柄を表す文字を入れてもらうこともできるので、希望の文字があれば相談しましょう。白木の位牌は仮のもので、四十九日法要がすむまでは、遺骨・遺影とともに家の中に安置しておきます。

また、通夜に先立ち納棺を行います。家族や親族の立ち合いのもと、副葬品とともに棺の中に納めます。

通夜の席では棺に一番近い席から血縁の濃い順番に座り、弔問客を迎えます。喪主は、読経、焼香が終わった通夜振る舞いの席などで、弔問客へのお礼や故人が生前お世話になったことへのお礼の言葉を述べます。

●通夜の流れ

最後の夜を亡くなった人と共に過ごすのが本来の通夜ですが、最近では、徹夜で故人に付き添いろうそくや線香の灯りを絶やさないようにする「夜とぎ」を行わず、斎場の仮眠室や、自宅に戻るなどして、遺族が身体を休めるケースも増えています。

- 式場到着
- 喪主・導師・葬儀社が進行打ち合わせ
- 式場内に着席
- 導師入場・開式
- 読経
- 焼香
- 導師退場・閉式
- 通夜振る舞い、喪主あいさつ
- 会葬者退出後、身内で会食
- 夜とぎ（行わないケースもあり）

※葬儀場で行う場合

TOPICS

大変なのは遺影の写真選び

お葬式の準備をする際に、家族が悩むのが、遺影選びです。亡くなられた方が生前に選んでおくケースは、全体の1割くらいで、ほとんどは亡くなられてからご家族が選びます。以前は写真の合成で正装をさせた写真が多かったのですが、最近は故人の自然な表情が感じられるスナップ写真を選ぶ方が増えました。

これは写真のデジタル化で、背景を変えたり、修整や加工ができる技術が進歩したおかげです。「ほかの人と写っているからどうかしら」「旅行先の背景でいいのかしら」など気になるところがあっても修整できる可能性が高いです。いい写真を見つけたら、遺影にできそうかどうか相談してみましょう。

必須！

5日以内（目安）

葬儀と告別式を執り行う

故人との最後のお別れです。会葬者に感謝しつつ、喪主はあいさつも

葬儀と告別式 その後の流れ

葬儀
- 開式
- 導師読経・焼香
- 弔辞を受ける
- 弔電を読む
- 遺族の焼香

告別式
- 会葬者の焼香
- 導師退場
- 閉式

葬儀は、納棺や火葬などの習俗的なものと、戒名授与や読経などの宗教儀礼を合わせた葬送儀礼のことです。告別式とは、亡くなられた方とその知人や友人とがお別れをする式のこと。一般的なお葬式は、葬儀と告別式を合わせたものです。

喪主はお葬式を取り仕切り会葬者にお礼を述べる

一般的には、通夜の翌日にお葬式を執り行います。まず、喪主は導師を迎えます。宗旨・宗派によって作法が違いますが、葬儀に続き、告別

Q 支払いはカードでもいい？

A 現金払いが多いので用意しておきましょう

通夜やお葬式の際の仕出し料理代や式場使用料、火葬料などは、その場で現金で支払うことが多いため、ある程度の現金を下ろしておくと安心です。葬儀の諸費用は、相続税の控除の対象になるので、領収証を忘れずに受け取って保管しておきます。親族からの供物や供花などを立て替えた場合は、忘れないように精算しておきましょう。

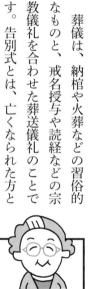

出棺

- お別れの儀（花入れ・くぎ打ち）
- 喪主あいさつ
- 出棺

火葬

- 火葬場に到着
- 炉前読経
- 荼毘に付す
- 収骨
- 還骨法要（繰り上げ初七日法要）
- 精進落としの会食
- 喪主あいさつ
- 遺骨を自宅へ安置

式が行われます。

葬儀と告別式のあとで、棺に花入れをして亡くなった方と最後のお別れをし、棺にくぎ打ちをします。

喪主は位牌を手にして、会葬者にお礼の言葉を述べ、棺とともに霊柩車に乗り込み火葬場に向かいます。

火葬場に着いたら、火葬許可証を火葬場に提出します。炉前で焼香したのちに、荼毘に付します。

収骨が終わったら、埋葬許可証を受け取ります。

喪主は、お別れの出棺時と精進落としの席であいさつをします。出棺時は、会葬者に葬儀と告別式に参列していただいたお礼を述べます。式の後で参列者も疲れていますから、短めにまとめます。精進落としの席でのあいさつは、身内やお手伝いをしてくださった方々（近所の方など）に対して、無事にお葬式を終えたことの報告とお世話になったお礼を伝えます。

繰り上げて初七日法要を行うことが増えている

最近では遠方からの参列者への配慮などから、火葬後引き続き、初七日法要を繰り上げて行う場合も多くなってきました。精進落としの会食などの法要がすべて終わったら、遺骨は自宅に持ち帰って安置します。

必須！

なるべく早めに

通夜・お葬式関係の費用を支払う

多くが現金払いです。オプションの追加による予算オーバーにも注意を

お葬式の費用のほか、その後の支出も計算に入れる

葬儀社へはその場で現金払いか、後日請求書が届きます。パックの場合でも、お葬式の内容などに変更があった場合、追加料金がかかることもあります。さらに、料理や返礼品などの費用も加わります。お葬式が終わってからの出費もありますので、計画的に使うようにします。

お葬式に関連する費用の項目例は、地方によっても違いますので、あくまで参考としてご覧ください。

お葬式前後の収入の目安

香典	3万～5万円×親族数 3000～5000円×親族以外の会葬者数
葬祭費	3万～7万円程度 ＊故人が国民健康保険に加入していた場合、葬儀を執り行った人に支給 ＊自治体によって異なる ＊自治体によっては別の給付を受けられることもある
埋葬費（埋葬料）	5万円 ＊故人が会社員、あるいは退職後3ヵ月以内の場合、葬儀を執り行った人に支給

Q 故人の預金から支払いたいのですが……。

A 遺された家族が支払うようにしましょう

故人の銀行口座は凍結されて預貯金は下ろせなくなってしまいますが、法改正により、葬儀代に充てられるよう、一定額の仮払いを受けられるようになりました（81ページ参照）。とはいえ、慌ただしい中で銀行に出向くのも大変です。これは最終手段と考え、通夜やお葬式関連の費用は、できるだけ遺族の予算内で支払えるように用意しておきましょう。

通夜・葬儀の一般的なパック料金の内訳

●祭壇（白木または生花）　●寝台車　●霊柩車　●ドライアイス
●安置料金（自宅以外に安置した場合）　●仏衣一式
●寝棺（納棺用品含む）　●寝棺用布団
●遺影写真（額縁、手札写真付）　●白木位牌　●拝礼用具
●受付、記録帳類　●看板　●会葬礼状
●式場、火葬場使用手続き（代行料）　●枕飾り　●自宅飾り
●企画管理費　など

上記パック料金に含まれるもの以外に必要となる主な費用の項目例

●飲食費（通夜振る舞い）　●飲食費（精進落とし／繰り上げ初七日）
●式場使用料　●火葬場費用（火葬費用／休憩室料）
●返礼品（当日返し）　●宗教家へのお礼（お布施／読経・戒名など）
●心づけ（任意で、霊柩車ドライバー、僧侶のハイヤー、火葬場の職員など）

葬儀後にかかる主な費用の項目例

●仏壇購入費用（必要なら）　●お墓購入費用（必要なら）

供養・法要ごとにかかる主な費用の項目例

四十九日法要

●案内状作成・発送　●お布施（読経）　●本位牌
●飲食費　●香典返し

新盆（初盆）

●盆提灯などのお盆用品（必要なら）　●お布施（読経）

一周忌法要

●案内状作成・発送　●お布施（読経）　●飲食費　●返礼品

必須！

なるべく早めに

お墓、納骨予定日を確認する

菩提寺がある場合とない場合で対応が変わります

墓碑への刻字や納骨予定日を連絡、埋葬許可証も必要

家に遺骨（骨壺）を安置したら、お墓を確認します。菩提寺があったり生前にお墓を購入しているなら、墓碑への刻字や納骨予定日を連絡します。納骨には、骨壺のほか、埋葬許可証（火葬許可証に火葬済みの証印を押したもの）が必要です。

お墓がない場合は、しばらくは骨壺を自宅に置いたりお寺に預けておくなどして、落ち着いて探しましょう。境内《けいだい》墓地のほか、公営や民営の霊園、永代供養墓など、アクセスのしやすさや、お墓の継承者がいるかどうかも含め、各自のライフスタイルに合わせて選ぶことが大切です。個別型の永代供養墓の場合、合葬までの期間も確認しておきましょう。

墓石の代わりに
樹木の根元に納骨する「樹木葬」、
遺骨の一部をアクセサリーなどにし、
近くに置いて供養する「手元供養」
など、新しいスタイルの供養を
選ぶ人も増えています

株式会社セレモア
白根 剛さん

墓地の種類と特徴

種類	内容	特徴
公営霊園	都道府県や市区町村などの地方自治体が所有し、管理・運営を行う。寺院とのかかわりはなく、敷地は広大	●募集の数や時期が限定され、申し込み多数の場合は抽選となる ●運営する自治体に住んでいることが条件など、申し込み資格が厳しい ●管理料が比較的安い ●宗旨・宗派に制限がない ●石材店の指定がなく、自分で選ぶことができる ●生前に申し込むことはできない
民営霊園	宗教法人や公益法人が所有し、管理・運営を行う。民間企業が管理・運営を行うところや、寺院に付属しているところもある。山地などにあることが多く敷地は広大だが、交通アクセスが悪いところも多い	●販売数が多く申し込み資格が緩い ●墓石のデザインが比較的自由 ●管理料が高め ●宗旨・宗派に制限がない ●管理が行き届いている ●石材店が指定されている
境《けい》内《だい》墓地	宗教法人である寺院が所有し、管理・運営を行う。寺院の境内や隣接した敷地にある	●檀家として寺院の経営を支える立場にあり、管理料以外にも年会費やお布施、寄付などが必要になることが多い ●宗旨・宗派が限定される ●寺や僧侶との結びつきが強く、墓は寺のそばにあるため、必要なときにはすぐに相談にのってもらえる ●石材店や墓石のデザインに制限がある
永代供養墓	宗教法人や公益法人、民間企業が所有し、管理・運営のほか、継承者の代わりに供養も行う。合葬型と個別型があるが、個別型も最終的には合葬となる。民営霊園や境内墓地の敷地の一角にあるほか、ビル型納骨堂のように建物の中にあるものも	●継承者がいなくてもよい ●掃除などの手間がない **合葬型** ●管理料が不要 ●知らない人と一緒に埋葬される ●埋葬後は取り出すことができない **個別型（納骨壇・ビル型納骨堂・霊廟）** ●比較的高額のものが多い ●一定期間、個別に骨壺で収蔵したのち合葬 ●交通アクセスの良いところが多い

必要

49日以内

四十九日法要を執り行う

会場などの予約や卒塔婆、本位牌の用意、僧侶への読経の依頼を行います

卒塔婆と本位牌を用意する

亡くなった人が成仏できるように、遺された人が祈るのが供養。7日ごとに行い、初七日、二七日《ふたなのか》……と繰り返し、7回目が四十九日法要となります。現在では間の法要は省略し、初七日と四十九日のみ行うことが多くなりました。

四十九日法要（宗派によっては三十五日）は親戚や知人を招いて法要を営み、お斎《とき》（会食）をします。日取りは49日目より前に設定することが多いです。

- 会場、料理の決定、予約
- 僧侶の依頼
- 案内状の作成、発送（少人数なら電話でも可）
- お布施の用意
- 卒塔婆の用意
- 本位牌（白木位牌から交換）の用意

49日目を過ぎると故人の霊は仏の元に向かうとされるため、魂を移すための本位牌を用意します。

納骨式を併せて行うこともあります。

Q 忌中と喪中にしてはいけないことは？

A 世間とのかかわりを控えます

四十九日までを忌中、一周忌法要までが喪中です。忌中期間は供養に専念するべきという考えから、一般的な世間とのかかわりを遠慮し、結婚式などの慶事、神社への参拝などは控えます。一周忌が終わるまでの喪中は、玄関の正月飾りや初詣はせず、年賀状の代わりとして11月頃に年賀欠礼状（喪中はがき）を出します。

必要

49日以降

香典返しと納骨報告を行う

香典返しは「半返し」が目安ですが、地域差もあるので注意を

あいさつ状を添えて香典返しをする

忌明け（四十九日法要）したら、葬儀の会葬者にあいさつ状を添えて香典返しを送ります。忌明けのあいさつ状は、葬儀や告別式にお越しくださったお礼、四十九日法要と納骨をした場合はその報告をします。

香典返しの品物は、半返し（いただいた香典の半分）か、地域によっては3分の1程度が適当といわれています。最近では、通夜や葬儀当日にあいさつ状を添えてお渡しする「当日返し」も増えています。そのうえで、高額の香典をいただいた方には後日、改めて香典返しをお送りするとよいでしょう。この場合は必ずしも半返し（または3分の1）とする必要はありません。葬儀代を助けようと多めにお渡しくださる場合もあるので、お気持ちをありがたくいただきます。

香典返しは地方によってさまざまですから、わからない場合は地元の葬儀社やご近所などに確認するようにしましょう。

Q 香典返しで送ってはいけないものは？

A あとに残るものは控えましょう

香典返しは「不祝儀をいつまでも残さない」という意味から、手元に残らない消耗品を選びます。お茶、食料品、タオルなどがよく利用されます。最近ではプリペイドカードや香典返し用のカタログを送るケースも増えてきました。香典返しの表書きは「志」「粗供養」などとし、お祝い事と区別します。

必要なら

49日以降（目安）

遺品の整理と形見分けをする

残すものと処分するものに分類を。高価なものは相続・贈与税の対象にも

忌み明けしたら、遺品の整理を始める

遺族の気持ちが落ち着いてきたならば、忌み明け（四十九日法要）をめどに遺品の整理や形見分けを行ってもよいでしょう。ただし、遺族の中で「まだ早い」という意見が見られるようなら、遺産相続関連のものを除き、急がない配慮をすべきでしょう。

遺品の整理のどこから手を付けたらいいかわからなければ、まず

①残すもの
②処分するもの
③不明なもの

の3種類に分けます。

残すものは、預金通帳や相続関係の書類など必要になるもの、愛用品や日記など亡くなった方を偲ばせるもの、書画や骨董のように、売ればお金になるような高価なもの。ただし、金額によっては相続税の申告の対象になることがあるので注意しましょう。

下着類などの生活用品は、処分の選択をすることが多いかもしれません。着物や蔵書など、形見分けの対象になる可能性があるものは、少しずつ時間をかけて整理していきます。

Q 形見分けは、何をあげてもいいのですか？

A あまり高価なものは贈与税の対象になる可能性があるので注意します

遺品のうち手続きなどで必要になるもの以外は、亡くなった方の意思を尊重し、受け取る方の気持ちを確認したうえで形見分けをします。高価なものは、贈与税の対象になって差し上げた方に迷惑がかかることがありますから、注意します。差し上げる前には、手入れをしておくのを忘れずに。

Check! 遺品は大きく3種類に分けます

残すもの	**●手続きや相続に必要なもの** □ 預金通帳、キャッシュカードなど □ 登記済権利証、不動産売買契約書など □ 証券会社の取引報告書、株式の売買契約書など □ 年金手帳、年金証書など □ 健康保険証、介護保険証、後期高齢者医療被保険者証など □ 運転免許証、パスポート、マイナンバーカードなど □ 印鑑、印鑑登録証の番号、各種契約書など
	●必要になるかもしれないもの □ 日記・手帳・手紙・年賀状 □ 携帯電話 □ パソコン
	●思い出のもの □ 写真・アルバム □ 時計など携帯品
	●高価なもの □ 書画・骨董 □ 宝石類
処分するもの	□ 衣類・下着類 □ 生活雑貨
不明なもの（形見分けなどの対象になる可能性があるもの）	□ ブランド衣類・着物 □ 電化製品 □ 家具 □ 蔵書

必要

1年以内

一周忌法要をする

一周忌法要が終わると、喪が明けます

1年目の祥月命日までに一周忌法要を行い、喪明けとなる

身内が亡くなってから1年目の祥《しょう》月命日《つきめいにち》（亡くなったのと同じ月日）までに一周忌法要をします。これが終わると喪明けとなります。この翌年は三回忌（亡くなった日を1回目の忌日、一周忌を2回目の忌日と数える）です。以後、6年後の七回忌、そして12年後の十三回忌までの法要を正式に行い、あとは簡略化して行うケースも増えてきています。

一周忌法要は、寺院で大がかりに営むことが多く、親族だけでなく親しい方もお招きすることがあります。読経のあと卒塔婆を受け取り、お墓参りをします。

なお、新盆（初盆）とは四十九日後に初めて迎えるお盆のこと。地域の風習に合わせて行います。もし、お盆の時期に四十九日を迎えていない場合は、翌年のお盆が新盆となるため、一周忌の後に新盆を行うことになります。

Q　香典には贈与税がかかりますか？

A　香典、花輪代は贈与税の対象外です

高価な遺品は贈与税の対象になることがあります。では葬儀の際に得た収入はどういう扱いになるのか、気になるところです。贈与税は原則として、贈与をうけたすべての財産に対してかかります。しかし、葬儀の際に会葬者から納められた香典や供花・花輪代は、その性質や目的を考慮し、贈与税の対象から外されています。

Check! **お葬式などにかかった費用をまとめておくと、今後の参考になります**

通夜・お葬式・告別式・火葬	□ 通夜・葬儀費用	円
	□ 飲食費（通夜振る舞い）	円
	□ 飲食費（精進落とし／繰り上げ初七日）	円
	□ 火葬場費用	
	• 火葬費用	円
	• 休憩室料	円
	□ 式場使用料	円
	□ 返礼品（当日返し）	円
	□ 宗教家へのお礼（お布施／読経・戒名など）	円
	□ 心づけ（霊柩車ドライバー、僧侶のハイヤー、火葬場の職員など／任意）	円
お葬式後にかかる費用	□ 仏壇	円
	□ お墓	円
供養・法要	□ 四十九日法要	
	• 案内状作成・発送	円
	• お布施／読経	円
	• 本位牌	円
	• 飲食費	円
	• 香典返し	円
	□ 新盆（初盆）	
	• 盆提灯などのお盆用品／必要なら	円
	• お布施／読経	円
	□ 一周忌法要	
	• 案内状作成・発送	円
	• お布施／読経	円
	• 飲食費	円
	• 返礼品	円
そのほか		円
合計		円

こんなとき「どうする?」に答えます

Q&A

葬儀・法要編

お葬式の形は人それぞれ。
知っておきたい基礎知識から
素朴な疑問まで、
お答えします

Q 神道の場合は どこで行いますか?

A 自宅か斎場で執り行います

神道では、故人の魂は家の守護神になると考えられています。葬儀では、祝詞《のりと》を唱えて、故人が家族を守護してくれるよう祈ります。死は穢れであるため神社でお葬式をすることはなく、自宅もしくは斎場で通夜や葬儀を行います。

お焼香の代わりに玉串という木綿《ゆう》または紙をつけた榊の枝を神に捧げ、名前の後ろにつける諡《おくりな》をいただきます。香典にあたるものは「玉串料」といいます。

Q 亡くなった親が クリスチャンでした。 どうしたらよいでしょう?

A 神のもとに召されるように お祈りします

キリスト教において死は永遠の命の始まりと考えられています。

カトリックでは、「死者は神にゆだねるもの」と考えられ、葬儀は、故人が生前に犯した罪を神にわびて許しを乞い、永遠の安息を得られるように願います。プロテスタントでは、死を「昇天」と呼び、死後、人は神に召されると考えられ、神への感謝を込めて祈ります。

どちらも祈りを捧げてから白菊やカーネーションなどを祭壇に献花します。香典の表書きは「御花料」とします。死は忌み嫌うものではないため、お悔やみは言わずに安らかな眠りを祈ります。

Q なるべく少人数で お葬式をしたいのですが。

A 家族葬が増えています。メリット、 デメリットも知っておきましょう

最近は、家族と親族だけで行う家族葬が増えています。ただ、家族葬と一般葬の区別はあいまいで、集まる人数が少なくても会葬者が一人でもいれば、一般葬と同じしつらえが必要となります。

このほか、お葬式をせずに火葬のみを行う直葬や、10名程度で通夜を省略した一日葬なども見られます。

家族と親族だけのお葬式は、身内以外の会葬者がいないため、親しい方々のみで心ゆくまで故人とのお別れができます。

一方で、葬儀代を抑えるつもりで家族葬にしたが、会葬者がいないために香典収入がない、故人に縁のあった方たちが、葬儀後それぞれ自宅にお焼香に見えていつまでも落ち着かない、といった話も耳にします。

どちらが故人の最期にふさわしいのか考えて選びましょう。

Q 戒名によってお布施の額が違うと聞きましたが本当ですか？

A「院号」や「位号」によって変わります

戒名は「院号」「道号」「戒名」「位号」で構成されています。もともとは戒名2文字を表していましたが、いまでは全体を称して呼ぶことが増えました。

○○院　△△　◇◇　居士（信士・信女）
（院号）（道号）（戒名）（位号）

院号――社会的に貢献した人に授けられるもの。ついていない戒名も多く見られます。
道号――その人らしさを表すもので、故人にゆかりのある字が多く使われます。
戒名――死後の名前というべきもの。
位号――戒名の下につけられる尊称。男性は大居士・居士・信士、女性は清大姉・大姉・信女など。

宗旨・宗派、また地域などによって異なる場合がありますが、その中で院号や位号によって、戒名料が変わります。わからなかったり高いなと感じたりした場合は、僧侶に正直に相談するようにしましょう。

Q 返礼品をどのくらい用意したらよいかわかりません。

A 余った分は返品できる葬儀社がほとんどです

最近は、小規模の家族葬を希望する方が増えてきました。ただ「最後のお別れをしたいから」と故人にゆかりのあった方も参列し、予定より増えるケースが見られます。

会葬への感謝の気持ちを表す返礼品は、香典の有無にかかわらずお渡しするものです。「余ったものは返品OK」としている葬儀社がほとんどですので、葬儀社に確認して、多めにお願いするようにしましょう。

Q 一周忌のあとの法要はどうしたらよいでしょう？

A 決められた年に年忌法要を行いましょう

以下の年に行われるのが一般的です。

主な法要は

2年後　三回忌
6年後　七回忌
12年後　十三回忌
16年後　十七回忌
22年後　二十三回忌
26年後　二十七回忌
32年後　三十三回忌
49年後　五十回忌

ですが、最近は十三回忌までは正式に法要し、そのあとは簡略化、または省略することも増えています。年忌法要は祥月命日（亡くなったのと同じ月日）より前の、みんなが集まりやすい土・日曜日などに行われることが多いです。

こんなとき「どうする？」に答えます Q&A

Q 出棺時の喪主あいさつの言葉が浮かびません。どんなことを話せばよいでしょうか？

A 特に決まりはありません。感謝の気持ちを伝えましょう

喪主は何度もあいさつをしなければならず、初めての方は特に迷われるかもしれません。

喪主のあいさつに決まりごとはありません。会葬者の方へのお礼の気持ちを伝えることが大切です。

困ったときの一例として、以下に紹介します。

❶会葬者へのお礼

「本日はお忙しいところ、父・●●の葬儀にご会葬くださいまして、ありがとうございました」

❷故人が亡くなるまでの様子を簡潔に

「この数年、父は入退院を繰り返し、母や家族の介護を受けていましたが、とうとう一昨日、帰らぬ人となりました。痛みや苦しみのない安らかな最期でした」

❸故人になり代わってのお礼

「本日は生前お世話になったたくさんの方々に見送られ、父もさぞかし喜んでいることと思います」

❹今後の支援を願う

「今後とも、故人と同じく、私たち家族に対しても変わらぬご指導ご鞭撻のほどお願い申し上げます」

❺結びのあいさつ

「出棺に先立ちまして、一言ごあいさつ申し上げ、お礼に代えさせていただきます。本日はまことにありがとうございました」

Q 頑張ってきた故人のために、できるだけ立派なお葬式にと考えていますが、現代では少数派なのでしょうか？

A そんなことはありません。遺族が納得するお葬式にするのがいちばんです

少規模なお葬式が増える一方、祭壇のお花や食事など、内容についてはこだわりを持つ方が増えています。

お葬式の打ち合わせの際に、遺族からの希望が多いのは、具体的には次のようなものです。

- 祭壇を立派に見えるように、大きくしたい、花を多く飾りたい
- 遺影には、故人が生前気に入っていた写真を使いたい
- 精進落としの食事を高級料亭の仕出しにしたい
- 返礼品を高級なものにしたい

などです。

特に食事については「急なことにもかかわらず、遠方からわざわざ来てくれた参列者に、少しでもおもてなしをしたい」と、近年は高級化傾向にあります。

気になることや希望があれば葬儀社の担当者に伝え、提案を受けるなどして、悔いが残らないようにしたいものです。

Q 葬儀の当日、僧侶に渡すお布施とは？

A 主な内訳は、「戒名授与」と「読経」の謝礼ですが、必要な場合はお車代、お膳料なども包みます

葬儀当日に僧侶に手渡すお布施については、一般的には①戒名授与に対する謝礼　②読経に対する謝礼　③お車代（交通費）　④お膳料（食事代）の、4つとされることが多いです。

①と②については合計金額を、③と④については、必要な場合に封筒を分けて渡す、という形が多くとられていますが、地域の慣習や宗旨・宗派によってさまざまですので、確認しておきましょう。

また、読経や戒名授与などのお布施の具体的な金額については、寺院と檀家とのこれまでの関係度合いによっても異なります。不明な場合は僧侶に尋ねてみましょう。

お車代についても、地域の慣習によるところが多く、遺族が送迎を行ったり、タクシーを手配した場合などは必要なしとする地域と、送迎やタクシーの手配を行っても包む地域とがあるようです。

お膳料については通常、僧侶が精進落としの食事をとらなかった場合に包みます。

封筒は、黒白または双銀結び切りの水引のあるものか、または白無地の一重の封筒を使います。表書きには上部に「御布施」「御車代」「御膳料」と書き、その下に喪主のフルネームか、「●●家」と書きます。

Q 戒名は、入るお墓が決まってからにしたほうがいいと聞きましたが？

A 宗旨・宗派が合わないと、困ることがあるからです

戒名とは、故人が導師から授かった死後の名前です。その寺院の仏弟子となって、成仏を目指して養育されていくと考えられています。葬儀、初七日、四十九日といった供養は、遺族が成仏に向かっている故人をこの世から励ますために行われます。

そのため、お墓が決まっていない（菩提寺がない）ときに戒名を授かり、のちにお墓を持ったときに宗旨・宗派が合わずにトラブルになったという話もあります。

お墓が決まっていない場合は、戒名をいただかずに読経だけお願いすることもできますので、覚えておきましょう。

法事・事務手続きの日程表 （四十九日のあと）

いつ何をするか、また手続きの期限などがわかるよう、日付を記録しておきましょう

葬儀・法事		日付
一周忌法要		年　月　日

主な手続き		日付
遺言書を探す		年　月　日ごろまで （※相続放棄・限定承認を考えている場合は3ヵ月以内、特に考えていない場合は10ヵ月以内）
誰が相続するのか確定させる		
遺産がどれくらいあるのかを調べる		
相続放棄・限定承認		年　月　日まで（3ヵ月以内）
準確定申告		年　月　日まで（4ヵ月以内）
遺産分割協議		年　月　日まで（10ヵ月以内〈目安〉）
遺産の評価額を調べる		年　月　日まで（10ヵ月以内〈目安〉）
相続税申告・納税		年　月　日まで（10ヵ月以内）
預貯金・不動産などの名義変更	銀行❶（　　　　銀行）	
	銀行❷（　　　　銀行）	
	郵便局（ゆうちょ銀行）	
	有価証券	
	不動産	
葬祭費・埋葬料（埋葬費）の申請		年　月　日まで（2年以内）
高額療養費の払い戻し申請		年　月　日まで（2年以内）
生命保険金の受け取り		年　月　日まで（3年以内）
遺族年金の受給手続き		年　月　日まで （5年以内／死亡一時金は2年以内）

※手続きは人によって不要なものもあります

第2章

葬儀が終わったら始める

「役所・生活関連」ですべきこと

※各手続きの制度や名称、方法、必要な書類等は、地域によって異なる場合があります。

期日に注意しながら手続きをしましょう

役所に届け出る書類がたくさんあって面食らうかもしれませんが、同時に行えるものも多く、提出する書類も同じものを繰り返し使うこともありますので、落ち着いて整理してから、できるだけまとめて行いましょう。

ただし、ほとんどの届け出や手続きは提出する期限が決まっていますので、期日には注意が必要です。

役所での手続きが必要なものには大きく分けて、

①健康保険　②年金　③税金

があります。

死亡届を提出することによって戸籍に反映され、住民票も抹消されます。ただし、世帯主の変更が必要な場合は手続きが必要になります（66ページ参照）。届け出に必要な書類は68～69ページにまとめてありますので、参考にしてください。

Q 期日を守らず、放っておくとどうなりますか？

A 届け出ないと受け取れないお金もあるので注意しましょう

届け出が必要なものの中には、受給を止めるためのものと、給付金を受けるためのものがあります。停止の手続きが遅れて支給されると、あとで家族が返還しなければならないので注意します。その一方、受け取るお金は、こちらから届け出ない限り支給されません。できるだけ期日までに届け出ましょう。

Check! 手続きが必要な保険・年金の届け出など

	期日	保険の種類	加入者	届け出先	方法
□	5日以内	健康保険	会社員など	年金事務所（勤務先の代行がほとんど）	資格喪失届を提出し、健康保険証を返却
□	10日以内	厚生年金	会社員など	年金事務所・年金相談センター	死亡届を提出。受給停止の手続きを行う★
□	14日以内	国民健康保険	自営業など	居住地の市区町村役場	資格喪失届を提出し、健康保険証を返却
□	14日以内	後期高齢者医療保険	75歳以上	居住地の市区町村役場	資格喪失届を提出し、保険証を返却
□	14日以内	介護保険	65歳以上、または40歳以上65歳未満で要介護認定を受けていた	居住地の市区町村役場	資格喪失届を提出し、保険証を返却
□	14日以内	国民年金	自営業など	年金事務所・年金相談センター	死亡届を提出。受給停止の手続きを行う★

★＝日本年金機構にマイナンバーが収録されている場合は、届け出を省略できることも。詳細は各窓口に確認を

必須！

健康保険資格喪失の手続き

14日以内（会社員などは5日以内）

被保険者の資格喪失の手続きをして、健康保険証を返却します

健康保険証資格喪失手続きとあわせて葬祭費の請求を行う

国民健康保険などの被保険者が亡くなると健康保険証は翌日から使えなくなります。14日以内に資格喪失手続きをし、保険証を返却します。

もし保険証が見あたらない場合でも、窓口でその旨を伝えて手続きを行うようにしましょう。故人が世帯主で家族も加入していた場合は、保険証返却の際、世帯主を書き換えて新しい健康保険証を発行してもらいます。

また介護保険の保険料は亡くなった日の翌日の前月まで月割り計算になります。そのため不足、還付が生じることがあります。その場合遺族（相続人）が支払ったり、受け取ったりすることになります。その際には受け取る遺族の印鑑や通帳が必要になる場合もあります。

保険証の資格喪失手続きのときにはあわせて葬祭費の請求も行いましょう。

なお、用意する書類や手続きが市区町村によって違う場合がありますので、問い合わせましょう。

Q 会社員の場合、保険の手続きはどうしますか？

A 会社が退職手続きと一緒にやってくれます

亡くなった方が現役の会社員だった場合、会社側が退職手続きと一緒に行うことが多いので、家族は会社の担当者に相談しましょう。その後、被扶養者は国民健康保険と国民年金に加入するか、会社員であるほかの家族の被扶養者になります。

健康保険資格喪失の手続き

返却するもの	提出先	主に必要なもの
国民健康保険	居住地の市区町村役場	●国民健康保険資格喪失届 ●国民健康保険被保険者証 ●死亡が確認できる書類（死亡診断書のコピーなど） ●世帯主の印鑑（認め印）
後期高齢者医療保険	居住地の市区町村役場	●後期高齢者医療保険資格喪失届 ●後期高齢者医療被保険者証 ●死亡が確認できる書類（死亡診断書のコピーなど） ●世帯主の印鑑（認め印） ●持っていれば後期高齢者医療限度額適用認定証、または限度額適用・標準負担額減額認定証
介護保険	居住地の市区町村役場	●介護保険資格喪失届 ●介護保険被保険者証 ●死亡が確認できる書類（死亡診断書のコピーなど） ●世帯主の印鑑（認め印） ●持っていれば介護保険負担割合証、介護保険負担限度額認定証

必須！

10日以内または14日以内

年金受給停止の手続き

受給停止の手続きを行い、遺族は未支給分を受け取りましょう

年金受給を停止する手続きを行う

年金は年に6回、偶数月の15日に前2ヵ月分が支払われます。故人と生計を同じくしていた場合、亡くなった月の分までは受け取れますので、年金受給権者死亡届の提出と同時に未支給年金の請求も行いましょう。ただし手続きが遅れて過剰に支給されてしまったら返還しなければいけません。期日を守って提出するようにしましょう。

年金受給権者死亡届の提出方法

提出先	年金事務所・年金相談センター
提出する人	配偶者や同居の家族など
必要なもの	●故人の年金証書 ●死亡が確認できる書類 （死亡診断書のコピーなど）
期限	10日以内（厚生年金） 14日以内（国民年金）

Q 年金のことは後回しでもいいのかしら。

A 故意に手続きをしなかった場合、罰せられることもあります

過去には、亡くなったことを届け出ないまま遺族が故人の年金を不正受給し続け、詐欺罪で逮捕されたケースもありました。反対に、届け出なかったために、未支給年金や、未支給年金から特別徴収される保険料の還付金を受け取ることができなくなるケースも。すみやかに手続きを行いましょう。

未支給【年金・保険給付】請求書の提出方法

提出先	年金事務所・年金相談センター
提出する人	配偶者や同居の家族など
必要なもの	●故人の年金証書 ●死亡が確認できる書類（死亡診断書のコピーなど） ●故人と請求者の関係が確認できる書類（戸籍謄本など） ●故人と請求者が生計を同じくしていたことがわかる書類（住民票など） ●受け取りを希望する金融機関の通帳（金融機関名、支店名、口座番号、口座名義人のフリガナが記載された部分やキャッシュカードのコピー） ●故人と請求者が別世帯の場合は、生計同一についての書類が別途必要 ＊「コピー」とあるもの以外は、原本を添付
期限	受給権者の年金の支払い日の翌月の初日から5年

支給されていない年金は請求して給付を受ける

まだ支給されていない年金は、請求すれば受給資格のある遺族に支給されます。受給資格は亡くなった方と生計を同じくしていた人のうち、①配偶者→②子→③父母→④孫→⑤祖父母→⑥兄弟姉妹→⑦それ以外の3親等内の親族の順番で請求できます。

亡くなった方が年金の受給資格期間を満たしていたのに年金が支給されていなかった場合でも、請求手続きをすれば受け取ることができる可能性があるので確認しましょう。

必要なら

14日以内

世帯主の変更手続き

世帯主が亡くなった場合、届け出が必要な場合と、不要な場合があります

新しい世帯主が明白なら届け出なくてよい

世帯主が亡くなり、15歳以上の同居する家族が2人以上いる場合、14日以内に世帯主変更届を提出して、住民票の世帯主を変更します。

ただし残された家族が1人、あるいは15歳未満の子とその親権者というように、新しい世帯主が明白な場合、あるいは亡くなった方が世帯主でない場合は届け出なくてもよいです。

世帯主変更届（住民異動届）を提出する方法

提出先	故人が住んでいた市区町村役場
提出する人	●新世帯主 ●同一世帯の方 ●代理人（委任状が必要）
必要なもの	●国民健康保険被保険者証（加入者なら） ●国民健康保険高齢受給者証（加入者なら） ●本人確認書類（運転免許証、パスポート、マイナンバーカードなど） ●印鑑（認め印）
期限	14日以内

Q 次の世帯主はお母さんって届け出る？

A 世帯主がはっきりしている場合は必要ありません

父（世帯主）が亡くなって、母一人で居住することになった場合は、自動的に次の世帯主は母になります。届け出の必要はありません。ただし、同居する家族に15歳以上の人が数人いる場合は、14日以内に誰を世帯主にするか決めて届け出なければ住民基本台帳法違反となり、罰金が科せられます。

TOPICS

母と15歳以上の子が同居ならどちらが世帯主か決める

亡くなった方が世帯主だった場合、通常、世帯主変更届は死亡届の提出と一緒に行います。多くは転居・転入の際の住民異動届と同じ用紙です。

子どもが15歳以上なら世帯主になれます。そのため、母と15歳以上の子が同居している場合は、どちらを世帯主にするか決めて届け出ます。

	亡くなった後	亡くなる前
届け出不要	世帯主 妻	世帯主 夫 世帯員 妻
届け出不要	世帯主 母 世帯員 子	世帯主 父 世帯員 母 子（15歳未満）
届け出必要	世帯主 母 または 子（15歳以上） 世帯員 子 または 母 ＊母・子ともに世帯主になる可能性がある	世帯主 父 世帯員 母 子（15歳以上）
届け出必要	世帯主 姉 または 弟 世帯員 弟 または 姉 ＊姉・弟ともに世帯主になる可能性がある	世帯主 父 世帯員 姉（15歳以上） 弟（15歳以上）

必須！

なるべく早めに

手続きに必要な書類を取得する

何度も行き来しないですむよう、まとめて取得し要領よく提出します

本籍地で取るものと、居住地で取るものをまとめる

手続きや届け出の際に、一緒に添付しなければならない書類があります。それぞれ個別に添付するものですが、重複していたり、今後の相続関係の手続きで使う書類もありますので、まとめて取っておきます。

死亡診断書は、死亡届とセットになっていますが、死亡診断書はほかの手続きでも必要となることが多いので事前にコピーを取っておきます。戸籍謄本など戸籍に関するものは本籍地の市区町村役場で取得しなければいけないので、居住地と違う場合は注意しましょう。住民票、印鑑証明書などは居住地の市区町村役場で取得します。亡くなった人の書類だけでなく、申請者本人さらには関係者全員のものが必要となる場合もあります。

なお、各書類の取得の際には、申請者の身分を証明できるもの（例・運転免許証、パスポート、マイナンバーカード）などが必要となる場合が多いので、事前に確認しましょう。

Q 本籍地がいま住んでいる場所と離れています。どうしたらよいでしょう。

A 郵送や、コンビニでの交付を行っている自治体もあります

戸籍謄本の郵送や、コンビニでの交付を行っている自治体もありますので、まずは問い合わせてみましょう。本籍地に行く機会があれば、まとめて取得すると効率的ですが、提出先で書類の有効期限を設けている場合もあり、注意が必要です。

Check! 手続きに必要となる主な書類

	書類名	取得する場所	どのようなものか・必要とする手続き
□	死亡診断書（または死体検案書）	死亡した病院など	死亡を確認した医師が作成したもの。ほかの手続きで使用するのでコピーを取っておくこと ●死亡届の手続き ●埋葬料（埋葬費）の給付 ●生命保険の請求など
□	住民票の除票	居住地の市区町村役場	住民登録が抹消された住民票 ●年金の手続きなど
□	戸籍謄本	本籍のある市区町村役場	戸籍に入っている人全員の事項が記載されているもの。相続では故人の出生から死亡までの戸籍謄本が必要 ●年金の手続き ●不動産・銀行預金などの相続・名義変更 ●相続税の申告など
□	除籍謄本	本籍のあった市区町村役場	死亡、結婚などで全員が戸籍から抜けたことを証明した戸籍謄本 ●不動産・銀行預金などの相続・名義変更 ●高額療養費の手続き ●相続税の申告など
□	改製原戸籍謄本	本籍地のあった市区町村役場	戸籍法などの改正で様式などが変わることにより、書き換えられる前の戸籍謄本 ●相続関係の手続き
□	住民票の写し	居住地の市区町村役場	個人の氏名、生年月日、性別、世帯主との関係、住所などが記載されているもの ●埋葬料（埋葬費）の給付 ●年金の手続き ●不動産・銀行預金などの相続・名義変更など
□	印鑑証明書	居住地の市区町村役場	登録した印鑑がその本人のものであることを証明したもの ●不動産（遺産分割協議により相続した場合）・銀行預金などの相続・名義変更 ●相続税の申告など

COLUMN

確定申告が必要な人が亡くなったとき

準確定申告を行う

相続人が代わりに申告し、還付金を受け取ります

収入が一定以上ある場合に相続人が行う

亡くなった方の所得にかかる確定申告を準確定申告といいます。準確定申告は亡くなった方すべてに必要な手続きではありません。収入が年金のみの方などは不要です。

下のチェックリストを参考に、申告の必要がある場合には、相続の開始があったことを知った日の翌日から4ヵ月以内に行います。通常は1月1日から死亡日までについての申告をしますが、3月15日以前に亡くなり、前年の確定申告が終わっていない場合には、前年分の申告も行います。この場合も期限は同じです。

亡くなった人が生前支払っていた医療費が高額になっていて、申告すれば還付を受けられる場合もありますので、確認しましょう。還付の申告の受け付けは5年以内です。

相続人が2人以上いる場合、全員が連署して申告書を提出します。それぞれがほかの相続人の氏名を付記して提出することもできます。ただし申告内容は全員に通知することが必要です。

Check! 準確定申告が必要となる主なケース

- □ 個人事業主だった
- □ 給与所得が2000万円を超える
- □ 2ヵ所以上から給与を得ている
- □ 公的年金等の収入金額が400万円を超える
- □ 給与所得と退職所得以外の所得の合計が20万円を超える
- □ 不動産収入（アパート・土地などの賃貸収入）がある
- □ 不動産などの資産を売却した
- □ 生命保険や損害保険の一時金や満期金の給付があった
- □ 医療費や保険料など所得控除の対象となる費用がある

確定申告と準確定申告の違い

	通常の確定申告	亡くなった方の準確定申告
提出する場所	居住地の税務署	亡くなった方の居住地の税務署
提出する人	本人	亡くなった方の相続人※
対象期間	1月1日～12月31日	1月1日～亡くなった日
申告期間	2月16日～3月15日	相続の開始があったことを知った日の翌日から4ヵ月以内

準確定申告に必要なもの

必ず必要なもの	場合によって必要なもの
確定申告書（申告書Aまたは申告書B）	確定申告付表（相続人が2人以上の場合）
年金や給与の源泉徴収票	生命保険などの控除証明書・医療費控除の明細書
相続人の本人確認書類	

※納付金、還付金は、相続の割合で分けます。ただし、申告時点で決まっていない場合は法定相続分で分けます。

こんなとき「どうする?」に答えます

Q&A

手続き・届け出編

家族が亡くなると
暮らしの状況が変わることも。
これまでにご紹介した以外の
ケースについてお答えします

Q 夫が亡くなりました。この機会に結婚前の名字に戻りたいです。

A 復氏届の提出で旧姓に戻せます

ご主人が亡くなったら、結婚前の名字に戻したいと考える方もいるでしょう。

実は、そのための制度があり、方法は簡単。「復氏届」を市区町村役場に提出するだけです（戸籍謄本が必要な場合があり、詳細は役所に確認を）。もちろん、亡くなった配偶者の親族の許可などはいりません。

復氏届を提出すると、戸籍も抜けることになりますので、婚姻前の元の戸籍に戻るか、分籍届を出して新しい戸籍を作るかを選ぶことになります。

ただし、復氏届だけでは親族との姻族関係は解消されないため、扶養義務等がある場合は、継続されます。姻族関係も終了させたい場合は、後述の「姻族関係終了届」の提出が必要です。

復氏届の提出には期限はなく、死亡届の提出後ならいつでも出すことができます。

Q 復氏届を提出したら、子どもも私と同じ名字を名乗れますか？

A 家庭裁判所への申請と、子どもの入籍手続きが必要です

復氏届で旧姓に戻れるのは本人だけ。そのままでは子どもの名字も戸籍も変わりません。子どもを自分と同じ名字にし、戸籍も移したい場合は、まず子どもの名字を変更するための「子の氏の変更許可申立書」を家庭裁判所に提出し、裁判所の判断を待ちます。

家庭裁判所から申請を許可する書類が交付されたら、その書類を添えて市区町村役場に子どもの入籍届を提出して、ようやく完了です。

子どもが未成年の場合など、自分と同じ名字を名乗らせたいと考える方は多いでしょう。ただ、慣れ親しんだ名字が変わってしまうことなど、影響は多々あります。子どもにとってよりよい選択ができるよう、じっくり考えたいところです。

Q 姻族関係終了届を出すと遺産を返さなければなりませんか？

A 相続権は消滅しないため返す必要はありません

姻族関係が終了しても、相続権は消滅しないため、もらった遺産を返す必要はありません。もちろん、遺族年金も受給できます。遺族年金をもらえなくなるケースとしては、他の人と再婚したり、養子縁組をした場合。つまり、他家と新たな姻族関係ができた場合です。

ちなみに、子どもと亡き夫の親族との関係は、婚姻によって生まれた姻族ではなく血縁によって生まれた血族であるため、そのまま続くことになります。子どもの祖父母が要介護となり、亡き夫以外に兄弟がいない場合などは、孫である子どもがおじいちゃん、おばあちゃんの介護の義務を負うこともあるというわけです。

Q 国際結婚ですが、旧姓に戻せますか？

A 3ヵ月以内に復氏届を出しましょう

復氏届については、亡くなった配偶者が外国人の場合は急ぐ必要があります。亡くなった日の翌日から3ヵ月以上たってしまうと、届け出をするためには家庭裁判所の許可が必要となるのです。復氏届が出せなくなるわけではありませんが、裁判所に出向く手間が増えて大変です。もし旧姓に戻りたいなら、早めに手続きしましょう。

Q 夫が亡くなったので、親戚との付き合いをやめたいです。

A 姻族関係終了届を提出すると、親族としての義務がなくなります

夫がいるから、しぶしぶ親戚付き合いをしている――こんなケースはよくあるもの。その夫が亡くなったら、親戚との付き合いを自分一人で背負うのは気が重そうです。

しかし、前述の通り復氏届を出しただけでは、親族との姻族関係は消えません。それを断ち切るには、本籍地または住んでいる市区町村役場に姻族関係終了届を提出します。この届け出をすると、妻の戸籍の身分事項欄には「姻族関係終了」と記載されます。

この届け出は、残された妻（夫）が配偶者の親族の同意を得ずに行えますが、夫（妻）の親族側が行うことはできません。あくまで出ていく側の意思で行うものであり、気がついたら勝手に家を追い出されていた、ということはないわけです。また、一度提出されたら撤回はできず、姻族関係を復活させたい場合は養子縁組となりますので、よく考えてから行いましょう。

すぐにわかる!

生活関連の手続きの基本

生活に密着した公共料金などの届け出や手続きをします

日々の生活に直接かかわる電気・ガスなどの公共料金や、携帯電話、クレジットカードなど支払いが発生するものの届け出や名義変更の手続きをします。

例えば銀行口座から引き落とされる料金は、**銀行に亡くなったことを届けると口座が凍結されます。そうなると残された人の生活に支障をきたすことになります**ので、名義変更や引き落とし口座の変更をすみやかに行いましょう。

また、**携帯電話などは解約するまで使用料が発生し、解約が遅くなればその分支払いも増える**ので注意しましょう。どんなものがあるか、主なもののチェックリストを掲載しましたので、参考にしてください。

何をすればいいのか、次のページからまとめていますが、契約している会社によって手続きや必要な書類が違うことがありますので、確認をしてから行いましょう。

Check! 支払い方法の変更や解約の手続きが必要な主なもの

□ 電気	□ クレジットカード
□ ガス	□ ケーブルテレビ
□ 水道	□ インターネット（回線、プロバイダ）
□ NHK受信料	□ ネット契約各種
□ 固定電話	□ 新聞や雑誌など定期購読していたもの
□ 携帯電話	□ 健康食品など定期購入していたもの

必須！

すみやかに

公共料金などの名義変更・解約

まず生活に密着した料金支払いの変更手続きをしましょう

電気・ガス・水道

手続き先	内容	主な方法
契約している電力会社・ガス会社・水道局	名義変更または解約	電話やインターネットで行う。電話は領収書や請求書に記載されているサービスセンターへ。必要な書類があれば送ってもらう。名義変更の場合は、口座変更の際に銀行登録印の押印が必要な場合も

固定電話（NTT）

固定電話の場合、契約時に加入権を購入しているため、加入権の名義変更を承継・改称という言い方をします。

手続き先	内容	主な方法・必要なものなど
NTT東日本・NTT西日本	加入権承継・改称または解約	電話やインターネットで行う。承継・改称書類を送ってもらうかホームページからダウンロードし、他の必要書類とともに郵送。 〈必要なもの〉 ●承継･改称届出書（所定のもの） ●死亡が確認できる書類（死亡診断書のコピーなど） ●新契約者の相続関係が確認できる書類 ※解約の場合も電話・インターネットで行う

必須！

すみやかに

生活関連の契約の変更・解約

毎月の支払いがあるものは手続きしないと支払いが続くこともあるので注意しましょう

電話やインターネットで問い合わせを

契約の変更や解約の方法は会社によって違います。あらかじめ問い合わせをしたうえで進めたほうがよいでしょう。

運転免許証やパスポートは身分証明書として有効なものですから、悪用されないよう返却・返納を。ただし形見として残しておきたいときはその旨を伝えると、使用できないようにしたうえで、戻してもらえます。

携帯電話

手続き先	内容	主な方法・必要なものなど
契約している電話会社	承継または解約	最寄りのショップや各社のサポートセンターに確認し、手続きを行う。 〈承継の場合〉 ●相続関係がわかる書類（戸籍謄本など） ●承継者本人の身分が証明できるもの ●毎月の支払い手続きに必要なもの ●死亡が確認できる書類（死亡診断書のコピーなど／必要な場合） 〈解約の場合〉 ●利用中のSIMカード ●死亡が確認できる書類（死亡診断書のコピーなど） ●来店者本人の身分が証明できるもの

NHK

手続き先	内容	主な方法
NHK	名義変更または解約	電話やインターネットで行う。 名義変更はインターネットでも手続き可能。解約は所定の届出書を提出。

パスポート

手続き先	内容	主な方法・必要なものなど
都道府県の申請窓口	返却	都道府県のパスポートセンターで行う。 ●故人のパスポート ●死亡が確認できる書類（死亡診断書のコピーなど） ●届出人の身分が証明できるもの

運転免許証

手続き先	内容	主な方法・必要なものなど
警察署・運転免許センター	返納	最寄りの警察署・運転免許センターで行う。 ●故人の運転免許証 ●死亡が確認できる書類（死亡診断書のコピーなど） ●届出人の身分が証明できるもの ●故人と届出人の関係を証明する書類（戸籍謄本など）

クレジットカード

手続き先	内容	主な方法
各クレジットカード会社	解約	電話やインターネットで行う。 カスタマーセンターに連絡をして確認しましょう。

Q クレジットカードを解約したら、カードの支払いはどうなるの？

A 支払いが残っている場合は相続人が払うことになります。

カードを解約しても、支払い金が残っている場合、原則として相続人が負の遺産として引き受けて支払わなければなりません。利用明細を見ると毎月どのような引き落としがされているかわかりますし、未払い金はカードの裏に記載されているカード会社に電話をすると教えてくれます。

必要なら

すみやかに

インターネット契約の解約・名義変更

どんなものを契約していたか、調べることから始めます

プロバイダーの契約を解約・名義変更する

いまでは若い人たちだけでなくシニア世代の多くもパソコンを使いこなし、インターネットでの契約をしている人も増えています。

まずインターネット関連では回線業者、プロバイダーとの契約の解約または名義変更をします。手続きは各社異なりますので、電話やインターネットで問い合わせをしましょう。中には名義変更はできず、解約してからあらためて契約するケースもあります。

問い合わせをする際には、

- 契約者の名義
- お客様番号
- メールアドレス
- パスワード

などを事前に確認しておくとスムーズに行えます。

ハガキやダイレクトメールが
届けばわかるのですが、
最近は、ネットのみで契約している
ものも多く、
探し出すのが大変です。
これからこういったケースは
増えていくので、要注意です。

行政書士
磯村修世さん

インターネットで契約しているものを解約する

　これから問題が増えていきそうなのが、インターネットで契約しているものについてです。パソコンやスマホの中で、何をどのように契約して、どこから料金が引き落とされているのか、はっきり見えない部分を明確にしてから解約・名義変更をしていかなければいけません。これは案外大変な作業です。

　契約書やメモが見つかれば問題ないのですが、それらがなければ、わからないままになってしまうこともあるでしょう。

　また後日、請求書が届いて契約が判明する場合もあります。その際はすみやかに手続きをするようにしましょう。また銀行口座が凍結され、引き落としができなくなれば、契約先から故人の居住地になんらかの連絡が届きますので、すぐに手続きをするようにしましょう。

Check! インターネット契約例

- □ インターネットプロバイダー
- □ ネット銀行
- □ クレジットカード
- □ スマートフォン決済サービス
- □ 定期購入（食品、飲料など）
- □ 生命保険料
- □ 各種ローン

金融機関（銀行・信用金庫など）に連絡する

凍結された口座の相続には、時間のかかる手続きが必要になります

銀行口座が凍結されると預貯金が引き出せなくなる

金融機関に身内が伝えるなどして亡くなったことがわかると、ただちに金融口座が凍結され、お金をおろせなくなります。これは口座のお金が故人の遺産で相続の対象になり、分割協議が終わらないうちにおろしたりするとトラブルのもとになってしまうからです。

凍結されると、おろすためには解除の手続きが必要になります。その際には金融機関ごとに手続きや書類

銀行口座凍結の大きな流れ

- 銀行へ亡くなったことを伝える
- 口座凍結（出入金できなくなる）
- 遺産分割協議
- 書類提出
- 口座解約もしくは名義変更

Q 凍結された口座を解除するために必要なものは？

A 金融機関によって違いますので確認してから行いましょう

凍結された口座を解除するには、遺産の分割協議が終わっていることが前提になります。金融機関によって必要なものは違いますが、一例をあげますので参考にしてください。

●相続届●故人の戸籍謄本（出生から亡くなるまでの）●あれば遺産分割協議書や遺言書●相続人全員の印鑑証明書など

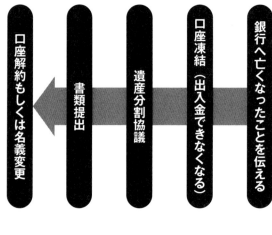

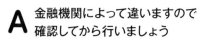

が違いますので、問い合わせをしてから進めましょう。

ほかの相続人の合意なしに150万円まで払い戻せる

これまでは亡くなったことを知らせると口座が凍結され、遺産の分割協議が終わるまで預貯金をおろすことができませんでした。そのため葬儀費用を支払えなくなってしまったなどのケースがありました。2019年7月1日以降民法改正により一相続人が単独で、ほかの相続人の合意なしに、一金融機関あたり法定相続分の3分の1（ただし上限150万円）まで払い戻せるようになりました。手続きは各金融機関によって異なりますので、確認をするようにしましょう。

Q　亡くなったら、すぐに出入金できなくなってしまうの？

A　親族が連絡するなどして銀行が知るまで、凍結されません

死亡届が役所に提出されたら、銀行口座が凍結されると思われている方も多いようです。届け出があっても銀行に連絡がいくことはなく、親族が連絡する、新聞の訃報欄に掲載されたなど銀行が亡くなったことを知るまで口座は凍結されません。

TOPICS

生命保険を使用して葬儀代をまかなう

残された家族が急いで葬儀代や当面の生活費を工面したいときに役立つのが生命保険。生命保険は受取人が単独で保険会社に請求すれば通常、書類到着の翌日から5営業日程度で口座に保険金が振り込まれます。会社によって異なりますので、急ぐ場合は確認してください。

法律上、死亡保険金は故人の遺産ではなく受取人自身の財産となり、枠内であれば非課税です。

死亡保険金の非課税枠

500万円×法定相続人の人数

※法定相続人の人数には、相続放棄した人も含まれる

お金の手続きの基本

故人が何に加入していたかで受け取るお金の種類が異なります

家族が亡くなると、お葬式から始まってさまざまな出費が続きます。さらに、亡くなった方が一家の生計を支える存在であった場合、悲しみとともにこれからの生活への不安も押し寄せることでしょう。

そんなとき、経済的な助けとなる、さまざまな制度があることを知っておくことは大切です。

いずれも、期限は年単位ですので、必ずしも急いで行う必要はありません。ただし、ほとんどが自分で請求しなければ一円ももらえないものばかり。制度を知らなかったり、手続きを忘れていると、うっかり期限切れとなることもあるので注意が必要です。

主な項目を左のページにまとめましたが、加入先や故人の加入状況により細かく条件が異なるケースが多々あるため、詳細は各窓口に問い合わせてみましょう。

Check! お金の受け取り手続き

<table>
<tr><th>故人（加入者）</th><th>Check!</th><th>内容</th><th>届け出先</th><th>期限</th><th>ポイント</th></tr>
<tr><td rowspan="4">自営業者など</td><td>□</td><td>葬祭費</td><td>市区町村役場</td><td>2年以内</td><td>喪主に3万〜7万円が支給される（→84ページ）</td></tr>
<tr><td rowspan="3">□
（対象者のみ、いずれかひとつ）</td><td>遺族基礎年金</td><td rowspan="3">市区町村役場または最寄りの年金事務所</td><td>5年以内</td><td>子育て世帯に支給される（→94ページ）</td></tr>
<tr><td>寡婦年金</td><td>5年以内</td><td>子どものいない60〜64歳の妻に支給される（→95ページ）</td></tr>
<tr><td>死亡一時金</td><td>2年以内</td><td>子どものいない遺族に一括で支給される（→96ページ）</td></tr>
<tr><td rowspan="5">会社員・公務員</td><td>□</td><td>埋葬料（埋葬費）</td><td>健康保険組合</td><td>2年以内</td><td>喪主に5万円が支給される（→84ページ）</td></tr>
<tr><td>□</td><td>遺族基礎年金</td><td rowspan="4">最寄りの年金事務所または勤務先</td><td rowspan="4">5年以内</td><td>子育て世帯に支給される（→94ページ）</td></tr>
<tr><td>□</td><td>遺族厚生年金</td><td>30歳以上の妻には生涯支給される（→98ページ）</td></tr>
<tr><td rowspan="2">□
（どちらかひとつ）</td><td>中高齢寡婦加算</td><td>40歳以上で対象条件を満たす妻に支給される（→99ページ）</td></tr>
<tr><td>経過的寡婦加算</td><td>65歳以上で対象条件を満たす妻に支給される（→100ページ）</td></tr>
<tr><td>各健康保険加入者</td><td>□</td><td>高額療養費の払い戻し</td><td>各健康保険の窓口</td><td>2年以内</td><td>限度額を超えた医療費が払い戻される（→86ページ）</td></tr>
<tr><td>各生命保険加入者</td><td>□</td><td>生命保険の死亡保険金</td><td>各生命保険会社</td><td>3年以内</td><td>受取人または、指定のない場合は相続人が受け取る（→90ページ）</td></tr>
</table>

※上の表の「子ども」とは、18歳の年度末まで（1級または2級の障害がある場合は20歳未満）の未婚の子どもを指す

必要

2年以内

葬祭費・埋葬料を申請する

葬儀を行った人に支給されます。領収書などは保管しておきましょう

葬儀を行うと、故人が加入していた健康保険から費用の一部が返ってくる制度があります。これが、葬祭費と埋葬料です。

❶葬祭費

故人が自営業者または勤務先のリタイア後などで、国民健康保険か後期高齢者医療制度に加入している人に支給されます。

この葬祭費は、実際に葬儀を執り行った人（喪主や施主。血縁者とは限らない）に対して支給されるものです。自治体によって金額はまちまちですが、3万～7万円のケースがほとんどです。

❷埋葬料（埋葬費）

故人が現役の会社員や公務員で、健康保険に加入している人に支給されます。

埋葬料は一律5万円で、先述の葬祭費と少し異なり、支給されるのは「故人に生計を維持されていて、葬儀を執り行った人」という条件がつくこと。これにあたる人がいない場合は、実際に葬儀を行った人が申請できますが、名称が「埋葬費」と変わり、上限5万円の実費となります。

期限は2年、特にお知らせなどは来ないため、申請し忘れに注意！

注意が必要なのは、自分から請求しなければもらえないということ。役場や組合から申請書が送られてきたり、連絡がくることはありません。しかも、2年という期限つきです。加入していた健康保険に申請するのですから、健康保険の資格喪失届（62ページ参照）と同時に申請するのが合理的といえるでしょう。

葬祭費と埋葬料の手続き

	葬祭費	埋葬料（埋葬費）
提出する人	葬儀を行った人（喪主や施主など）	故人に生計を維持されていて、葬儀を執り行った人（該当者なしの場合は実際に葬儀を行った人）
提出先	故人が住んでいた市区町村役場	故人の勤務先の健康保険組合
期限	葬儀の翌日から2年以内	亡くなった日の翌日から2年以内（埋葬費の場合は葬儀の翌日から2年以内）
必要なもの	●葬儀の領収証や会葬礼状（葬儀を行った確認資料として） ●葬儀を行った人の印鑑と口座番号 ●故人の健康保険証 など（※提出先によって異なります。事前に電話などで確認を）	
その他		●労災で亡くなった場合は、健康保険ではなく労災保険からの支給となります。詳細は勤務先に確認を ●被扶養者が亡くなった場合は、被保険者に「家族埋葬料」として5万円が支給されます

Q 葬祭費や埋葬料は相続の対象ですか？

A 故人に支給されるものではないため、対象にはなりません

実際の葬儀費用から比べるとわずかとはいえ、せっかく支給された葬祭費や埋葬料まで相続対象に……？　とご心配される方もいらっしゃるかと思います。でも、ご安心ください。これらは亡くなった人にではなく、喪主や施主など、葬儀を行った人に対して支給されるものですので、相続の対象にはなりません。

そして、実はこの「実際に葬儀を執り行った」という点が重要ポイント。申請の際、葬儀を行った証拠の提出が求められます。多くは領収書や会葬礼状ですが、葬祭費や埋葬料の申請者本人の名前が入っていることが条件であることも。失くさないようにしましょう。

必要なら

2年以内

高額療養費の払い戻しを受ける

本人が亡くなった後でも、高額療養費の払い戻しは可能です

診察を受けて2年以内ならさかのぼって申請可能

健康保険には「高額療養費」という制度があります。病院や薬局の窓口で支払った額が、同一月（1日から月末まで）で自己負担限度額を超えたら、超えた分が返ってくるというもの。本人が亡くなった後でも申請でき、限度額は年齢や所得により異なります（88ページの表参照）。

ただし、健康保険適用外の自費治療、差額ベッド代、入院中の食事代などは対象外。除外して計算します。

払い戻されたお金は、本来は医療費を支払った故人が受け取るべきお金であるため、相続の対象に。相続の手続きに入る前に済ませておきましょう。また、申請できるのは相続人のうち、相続順位が一番高い人となります。

行政書士
磯村修世さん

高額療養費の手続き

提出する人	法定相続人のうち、相続順位が一番高い人
提出先	各健康保険の窓口
期限	診察を受けた翌月1日から2年以内
必要なもの	●領収書 ●健康保険証 ●高額療養費支給申請書（窓口でもらうか、ホームページからダウンロード） ●戸籍謄本など（故人との続柄がわかるもの） ●振込先の口座番号 ●印鑑 など （※提出先によって異なります。事前に電話などで確認を）

高額療養費でお金が返ってくるしくみ

たとえば、70歳（2割負担）の人が入院し、その月に20万円の医療費を支払うと、14万2400円が返ってきます。

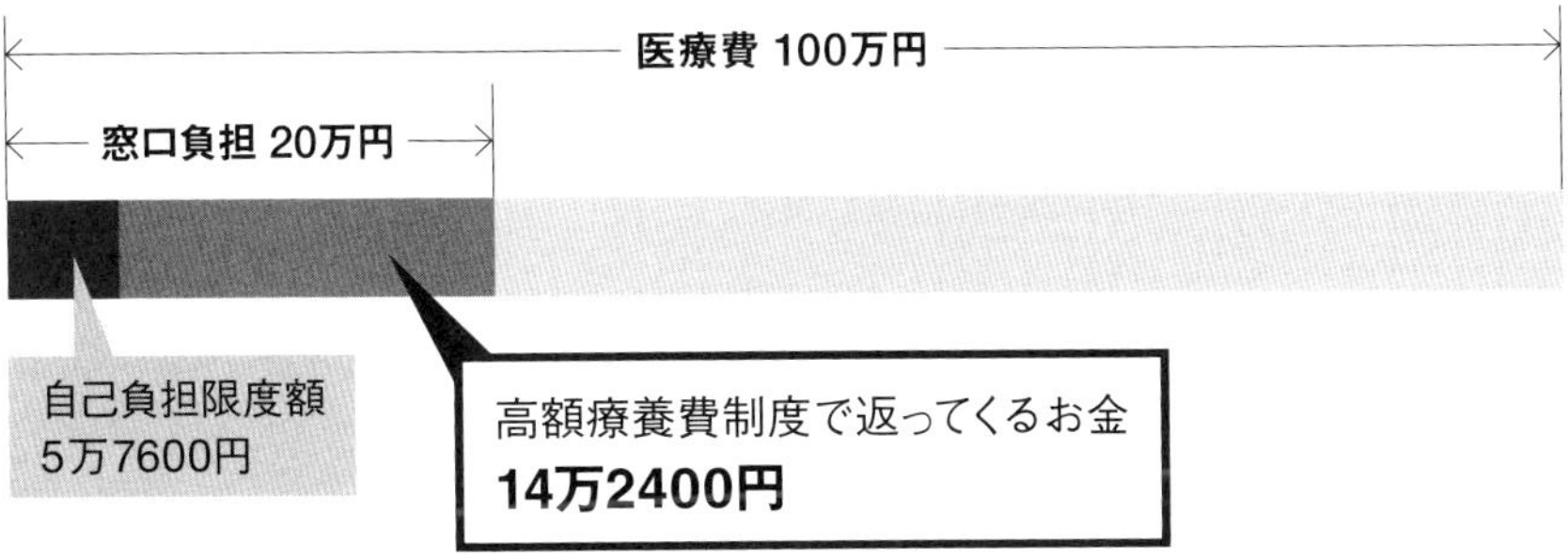

POINT
- 同じ保険証を使う家族と合算できる（※）
- 複数の病院や薬局の支払いを合算できる（※）
- 2年以内ならさかのぼって申請できる
- 1年以内に3回限度額に達したら、4回目からは限度額が下がる

※70歳未満の場合は、ひとつの医療機関あたり2万1000円を超えたら合算できる

TOPICS

家族の分も合算できるので、対象になるケースは意外とあります

この制度、「同じ保険証を使っている家族の医療費は、合算できる」というのがポイント。亡くなったおじいちゃんは後期高齢者で窓口負担は1割、限度額にはとうてい及ばないはず……と思った方！ 同じく後期高齢者のご家族が歯の治療や入院などで、高額な医療費を払っていた月はありませんか？

さらに、同じ種類の保険証であれば、同居していなくても合算OKです。逆にいうと、同居していても、たとえば75歳未満の国民健康保険と75歳以上の後期高齢者医療制度は保険の種類が違うため、合算できません。国民健康保険と会社員などの健康保険も同様です。

このほか、「多数回該当」といって、過去12ヵ月に3回以上、限度額を超えた場合は、4回目からは限度額が下がるしくみも。詳しくは窓口に問い合わせてみましょう。

70歳未満の限度額

適用区分		入院・外来（同じ種類の保険証を使っている家族ごと）
ア	**年収約1160万円以上** 健保：標準報酬月額83万円以上 国保：旧ただし書き所得（総所得金額から基礎控除額を差し引いた額）901万円超	25万2600円＋（医療費－84万2000円）×1％
イ	**年収約770万～約1160万円** 健保：標準報酬月額53万～79万円 国保：旧ただし書き所得600万円超～901万円以下	16万7400円＋（医療費－55万8000円）×1％
ウ	**年収約370万～約770万円** 健保：標準報酬月額28万～50万円 国保：旧ただし書き所得210万円超～600万円以下	8万100円＋（医療費－26万7000円）×1％
エ	**年収約370万円未満** 健保：標準報酬月額26万円以下 国保：旧ただし書き所得210万円以下	5万7600円
オ	**住民税非課税者**	3万5400円

70歳以上の限度額

適用区分		外来（個人ごと）	入院・外来（同じ種類の保険証を使っている家族ごと）
現役並み	**年収約1160万円以上** 標準報酬月額83万円以上／課税所得690万円以上	25万2600円＋（医療費－84万2000円）×1％	
現役並み	**年収約770万～約1160万円** 標準報酬月額53万円以上／課税所得380万円以上	16万7400円＋（医療費－55万8000円）×1％	
現役並み	**年収約370万～約770万円** 標準報酬月額28万円以上／課税所得145万円以上	8万100円＋（医療費－26万7000円）×1％	
一般	**年収156万～約370万円** 標準報酬月額26万円以下／課税所得145万円未満など	1万8000円 年14万4000円	5万7600円
住民税非課税など	**Ⅱ 住民税非課税世帯**	8000円	2万4600円
住民税非課税など	**Ⅰ 住民税非課税世帯** （年金収入80万円以下など）	8000円	1万5000円

厚生労働省保険局「高額療養費制度を利用される皆さまへ（平成30年8月診療分から）」をもとに作成

TOPICS

他にもある限度額制度

病気や介護でかかった高額な費用負担を軽減する制度は他にもあります。いずれも、詳しくは加入している健康保険に問い合わせてみましょう。

高額介護サービス費の払い戻し

高額療養費制度の介護版です。介護保険サービスを利用すると、1～3割の自己負担がありますが、この負担額が上限を超えた場合、超えた分が後日、自治体から払い戻されます。

通常は一度自治体に申請すれば、以後は利用実績に応じて自動的に指定口座に払い戻されるシステムですが、振り込みができなくなるため口座凍結には注意しましょう。また、一部の自治体では故人の死後に再手続きが必要となるケースも。申請を行っていたかどうかが不明な場合も、念のため確認しておくとよいでしょう。

上限額は所得により異なり、申請期限は2年です。要介護度ごとに定められた上限を超えた自己負担分や、住宅の改修費、福祉用具の購入費、差額ベッド代、施設での食事代などは対象外です。

高額医療・高額介護合算療養費制度

同じ種類の保険証を使っている家族間で、毎年8月1日から翌年7月31日までにかかった医療保険と介護保険の自己負担額が上限を超えた場合に、払い戻しを受けられる制度です。これは、月単位で上限額を設定してもまだ重い負担が残る場合に、年単位でさらに負担を軽減しようというものです。

合算する際には、高額療養費や高額介護サービス費の払戻金のほか、自治体からの助成金などを除いて計算します。自費治療や介護の自己負担分、住宅の改修費、福祉用具の購入費、差額ベッド代、入院中の食事代なども対象外です。

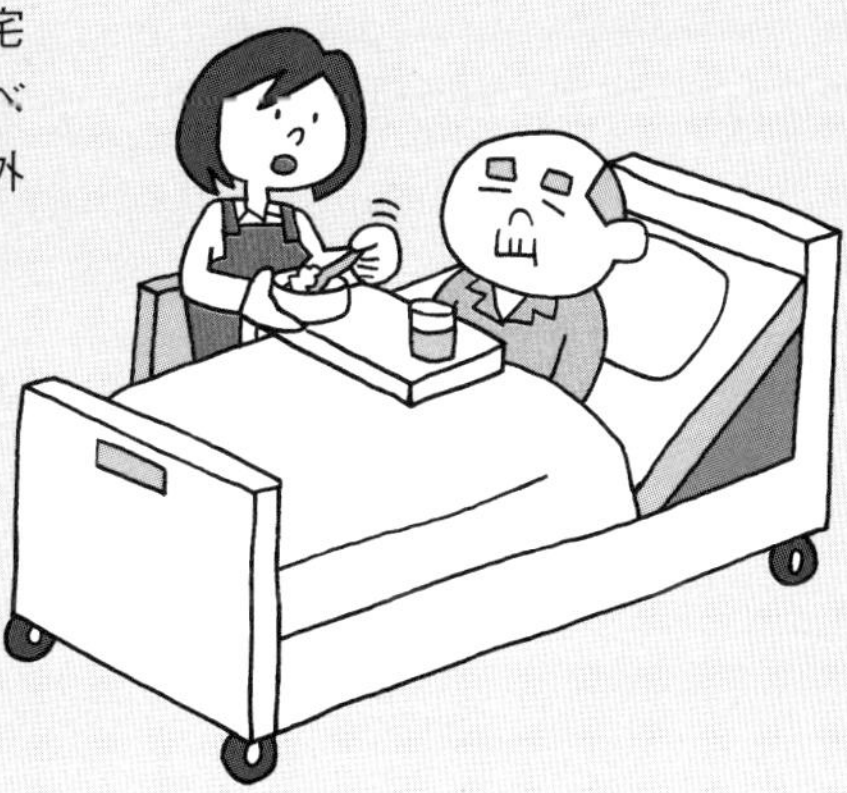

必要なら

3年以内

生命保険金（死亡保険金）を受け取る

受取人によって相続税、所得税、贈与税がかかります。期限にも注意を

証券がなくてもまずは連絡を期限があるので要注意！

まずは加入していた生命保険会社に連絡します。連絡をするのは死亡保険金の受取人で、証券番号など必要事項は保険証券に記載されていますが、証券が見つからなくてもひとまず連絡してみましょう。

故人が長年せっせと払い続けてきた保険ですが、保険会社は亡くなったことを知りません。遺族が動かないと、保険金を受け取ることができないのです。

Q 死亡保険金は相続税の対象ですか？

A 相続税、所得税、贈与税のいずれかの対象になります

死亡保険金は課税対象ですが、誰が保険料を支払っていたか、また受け取る人が誰かによって、相続税、所得税、贈与税と課税される対象が異なります。もし、相続税の対象となった場合は、「500万円×法定相続人数」までが非課税です。注意が必要なのは贈与税がかかる場合。基礎控除が110万円しかなく、税率が高いため、受取人は想定外の額の税金を支払うことになりかねません。

死亡保険金と税金の組み合わせ例

対象となる税金	被保険者（死亡保険金の対象者）	契約者（保険料を支払う人）	保険金の受取人
相続税	故人	故人	配偶者または子ども
所得税	故人	配偶者	配偶者
贈与税	故人	配偶者	子ども

死亡保険金の手続き

提出する人	受取人
提出先	保険会社
期限	亡くなった日の翌日から原則3年以内
必要なもの （※保険会社や契約の内容によって異なる。詳細は電話等で確認を）	●死亡保険請求書（保険会社より送付）●保険証券 ●死亡診断書のコピー ●故人の戸籍謄本（死亡が確認できるもの）●受取人の戸籍抄本 ●受取人の印鑑証明書

TOPICS

団体信用生命保険とは

万一、住宅ローンを支払っている本人が死亡または所定の高度障害状態になった場合、保険金がおりて住宅ローンを完済してくれるという保険のこと。実際、この団体信用生命保険への加入は、住宅ローンを組む際の条件の一つになっていることが多いので、「死んだら住宅ローンはゼロになる」などとよく言われています。しかし、ローンの借入先によっては加入が任意であったり、本人が途中で保険を解約してしまっているケースも。当然ながら、加入していなければローンは相続人に引き継がれます（「マイナスの遺産」→第3章参照）。

手続き完了後まで住宅ローンの支払いは継続します。本人の死後に支払った分は後で返金されますが、できるだけ早めに手続きを済ませておいたほうがよいでしょう。

住宅ローンを支払っている人が亡くなったら

① 住宅ローン借入先金融機関に連絡

団体信用生命保険に加入していたかの確認と手続き

② 所有権移転登記

不動産名義を故人から相続人に変更

③ 抵当権抹消登記

ローンの借り入れの際に設定した「抵当権（ローンを支払っていた不動産につけられた担保）」の取り消し

あなたは対象？ 遺族年金チェック

遺族年金をもらえるのはどんな人か、チェックしてみましょう

START

故人と生計を同一にしていましたか
- はい → 前年の世帯年収は…
- いいえ → 対象外

前年の世帯年収は850万円未満（または所得655万5000円未満）ですか

（※前年の年収が850万円以上でも、おおむね5年以内に年収850万円未満になる場合も対象）
- はい → 故人は、会社員・公務員でしたか
- いいえ → 対象外

故人は、会社員・公務員でしたか
- はい
- いいえ（自営業など） → 故人は、以下のどれかにあてはまりますか

故人は、以下のどれかにあてはまりますか

A 国民年金に加入していた

B 国民年金に加入し、60歳以上65歳未満で、日本に住んでいた

C 老齢基礎年金をもらっていない

D 老齢基礎年金の受給資格期間を満たしていた
- はい → 遺された方は、以下のどれかにあてはまりますか
- いいえ → 対象外

遺された方は、以下のどれかにあてはまりますか

A 子（18歳の年度末まで、または1級または２級の障害を持つ20歳未満で、未婚）

B Aがいる配偶者
- はい
- いいえ

対象外

故人は、以下のどれかにあてはまりますか

- A 厚生年金に加入し、在職中だった
- B 退職後、在職中の病気やケガが原因で初診日から5年以内に死亡した
- C 障害厚生年金（1級・2級）を支給されていた
- D 老齢厚生年金をもらっていない
- E 老齢厚生年金の受給資格期間を満たしていた

いいえ → 対象外

はい ↓

遺された方は、以下のどれかにあてはまりますか

- a 子（18歳の年度末まで、または1級または2級の障害を持つ20歳未満で、未婚）
- b aがいる配偶者
- c 妻
- d 子、孫（条件はaの子に同じ）
- e 55歳以上の夫、父母、祖父母

いいえ → 対象外

はい → **遺族基礎年金（※1）＋遺族厚生年金（※2）**

＋子の加算額（※3）または
＋中高齢寡婦加算（※4）または
＋経過的寡婦加算（※4）

（※1）aとbにあてはまれば加算　（※2）c～eにあてはまれば加算　（※3）子の人数により異なる　（※4）妻の年齢による加算。遺された配偶者が夫の場合はなし

→ **遺族基礎年金**

故人は、国民年金を10年以上（免除期間含む）納めており、老齢基礎年金または障害基礎年金をもらわずに死亡しましたか

はい ↓

遺された方は、故人と10年以上婚姻しており、自分の年金をまだもらっていない65歳未満の妻ですか

はい → **寡婦年金**

いいえ → 対象外

（故人は、国民年金を10年以上…）いいえ ↓

故人は、国民年金を3年以上納めており、老齢基礎年金または障害基礎年金をもらわずに死亡しましたか

はい → **死亡一時金**

いいえ → 対象外

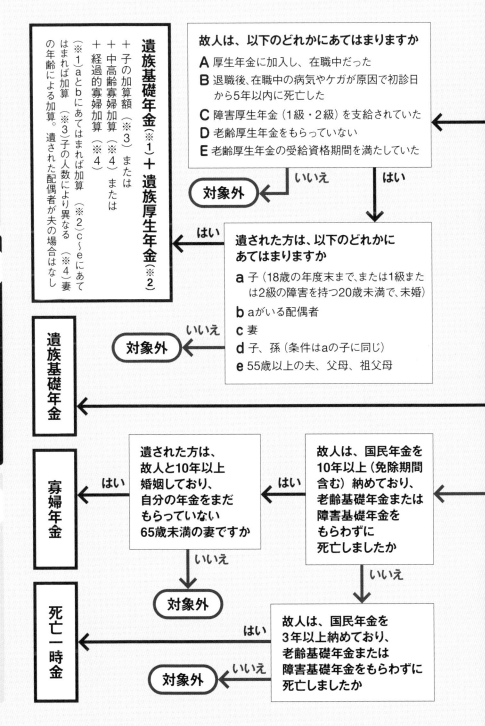

必要なら

2年以内／5年以内

国民年金加入者の遺族が受け取る年金

遺族基礎年金、寡婦年金、死亡一時金のいずれかひとつが支給されます

自営業者など、国民年金だけに加入していた人が亡くなったとき、遺族が受給できる可能性のある年金は「遺族基礎年金」「寡婦年金」「死亡一時金」のいずれかです。

まず、すべての遺族年金の受給条件は、前年の世帯年収が850万円未満であることが前提（前年が850万円以上でも、おおむね5年以内に年収850万円未満になる場合は対象）です。

このほかに、故人が保険料を納めていた期間や、故人と生計を同一にしていたこと、故人も申請者も年金をもらっていないことなど、受給するには細かい条件があります。

❶遺族基礎年金

亡くなった方と生計を同一にしていた配偶者と子ども、または子どもに支給されます。子どもの人数に応じて加算額があり、第二子までは一人あたり22万4500円、第三子からは一人あたり7万4800円です。

あくまでも子育て中の家庭を支援する年金のため、18歳の年度末までの未婚の子ども（障害がある場合は20歳未満）がいることが条件。妻に

CASE 1

妻と18歳未満の子ども3人が遺された場合（年額）

母 78万100円

＋

第一子 22万4500円

第二子 22万4500円

第三子 7万4800円

＝**130万3900円**

CASE 2

18歳未満の子どものみ、3人が遺された場合（年額）

第一子 78万100円

＋

第二子 22万4500円

＋

第三子 7万4800円

＝**107万9400円**

子どものみの場合、第一子は CASE 1 の母と同額

＊合計を人数で割った金額が一人分

2019年6月現在（日本年金機構）

先立たれたシングルファーザーや、両親とも死亡した子どもも対象になります。

❷寡婦年金

❶の遺族基礎年金の対象外となった、子どものいない妻や、子どもが対象年齢からはずれた妻がもらえる年金のひとつが、寡婦年金です。

読んで字のごとく、対象は女性のみ。国民年金を10年以上納めていた夫と、10年以上にわたり夫婦であったこと、また、亡き夫も遺された妻も、まだ自分の年金をもらっていないことが条件です。

もらえるのは、妻が60～64歳の期間。ここがポイントで、妻が60歳未満で夫が亡くなった場合も60歳になるまで支給されず、妻がもうすぐ65歳になるという時に夫が亡くなった場合でも、65歳になるまでの間しか受け取れません。60代になった妻が、自分の年金が支給される65歳をむかえるまでの間の〝つなぎ〟なのです。

金額は夫が受け取るはずだった老齢基礎年金の4分の3となります。受給期間があまりに短い場合は、❸の死亡一時金と比較して、より多く受け取れるほうを選択できます。

CASE 3

年額約50万円の老齢基礎年金を受け取るはずだった夫が死亡した、62歳の妻の場合

50万円×3／4
＝**約37万5000円**

65歳になるまで受給（初年度は月割りで計算）

TOPICS

ねんきんダイヤル

年金制度は非常に複雑で、加入状況や生年月日など、細かい条件で一人ひとり内容が変わってきます。まずは最寄りの年金事務所や電話「ねんきんダイヤル」に問い合わせてみましょう。

一般的な年金相談に関する問い合わせ先

ねんきんダイヤル
☎0570-05-1165（ナビダイヤル）

050から始まる電話からかける場合は
☎03-6700-1165

受付時間：月曜 8：30～19：00
火～金曜 8：30～17：15
第2土曜 9：30～16：00
（日曜・祝日、年末年始は休み）

❸死亡一時金

遺族基礎年金、寡婦年金ともに対象外でも、故人が国民年金を3年以上納めていて、かつ自分の年金を一度も受給していない場合、遺族が受給できるのが死亡一時金です。故人の保険料を〝掛け捨て〟にしないために設けられた制度です。

受け取れる人は、遺族基礎年金や寡婦年金と違って幅広く、生計を同一にしている①配偶者→②子→③父母→④孫→⑤祖父母→⑥兄弟姉妹、の順に権利があります。

金額は下の表のとおり、保険料を納めていた期間により、12万～32万円の間です。

CASE 4

保険料を31年納めていた夫が年金をもらわずに亡くなった、65歳の妻の場合

右の表のとおり、

30年以上35年未満 ＝ **27万円**

死亡一時金と保険料納付期間

保険料の納付期間	支給金額（一括）
3年以上15年未満	12万円
15年以上20年未満	14万5000円
20年以上25年未満	17万円
25年以上30年未満	22万円
30年以上35年未満	27万円
35年以上	32万円

※別に毎月400円の付加保険料を3年以上納めていた場合は、さらに8500円が加算されます

国民年金加入者の受給イメージ図

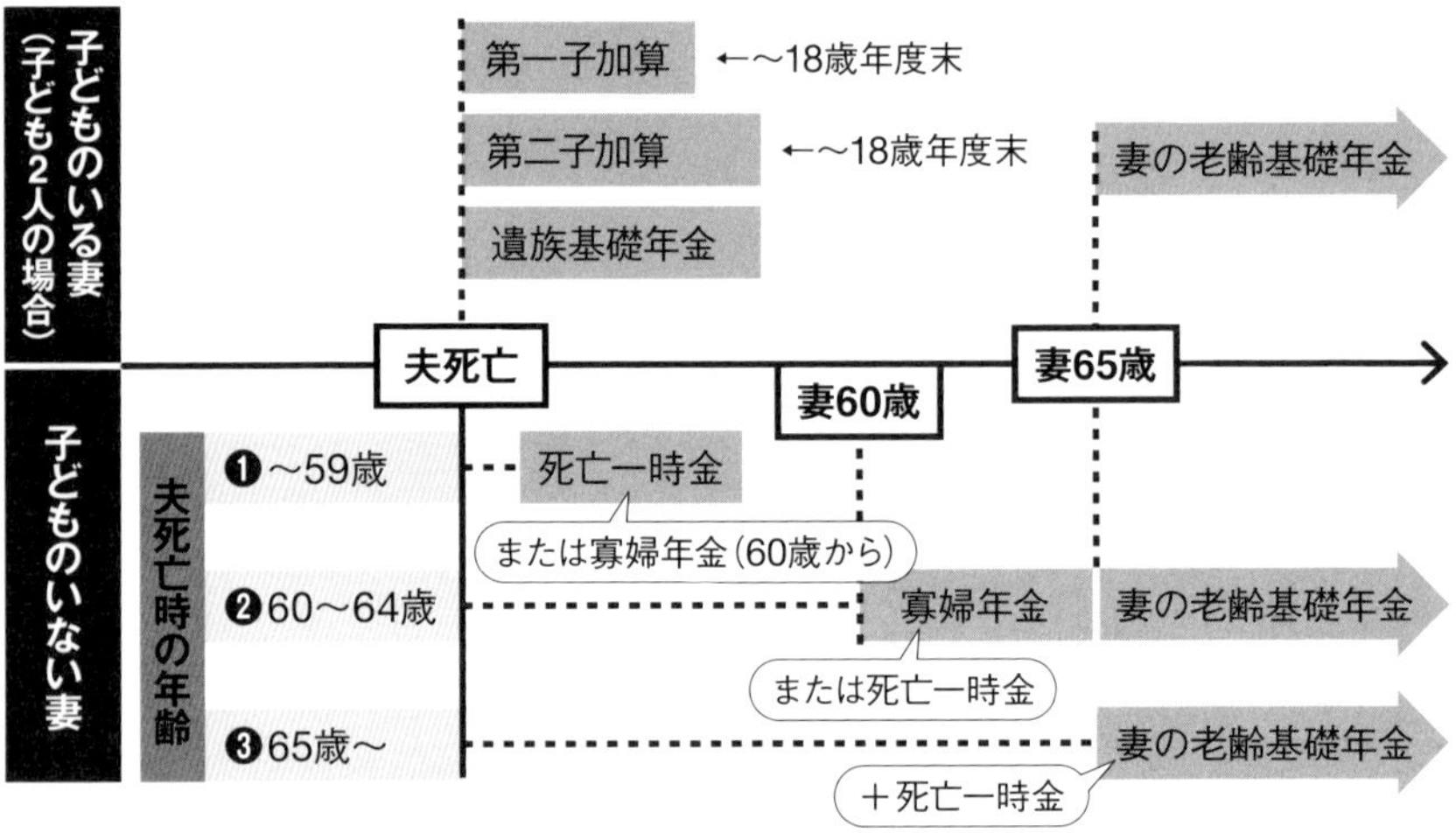

国民年金の手続き

<table>
<tr><th></th><th>遺族基礎年金</th><th>寡婦年金</th><th>死亡一時金</th></tr>
<tr><td>提出する人</td><td>故人の配偶者または子（受給対象者）</td><td>故人の妻</td><td>故人と生計を同一にしていた親族
（優先順位は①配偶者→②子→③父母→④孫→⑤祖父母→⑥兄弟姉妹）</td></tr>
<tr><td>提出先</td><td colspan="3">故人が住んでいた市区町村役場
または最寄りの年金事務所</td></tr>
<tr><td>期限</td><td colspan="2">亡くなった日の翌日から5年以内</td><td>亡くなった日の翌日から2年以内</td></tr>
<tr><td rowspan="3">必要なもの
（※市区町村によって異なる場合も。詳細は電話等で確認を）</td><td colspan="3">●年金手帳
●戸籍謄本（記載事項証明書／6ヵ月以内のもの）
●世帯全員の住民票の写し★（生計維持証明）
●故人の住民票の除票★（世帯全員の住民票に含まれている場合は不要）
●受取先金融機関の通帳（本人名義）、印鑑 など</td></tr>
<tr><td colspan="2">●請求者の収入が確認できる書類★（所得証明書、課税〈非課税〉証明書、源泉徴収票など）</td><td></td></tr>
<tr><td>●在学証明書・学生証★（義務教育終了前は不要）
●死亡診断書（または死体検案書）等のコピーまたは死亡届の記載事項証明書</td><td>●請求者の年金証書</td><td></td></tr>
</table>

★＝マイナンバーの記入で提出不要となるもの

必要なら

5年以内

厚生年金加入者の遺族が受け取る年金

（元）会社員・公務員の遺族は、遺族基礎年金にプラスで支給されます

遺族厚生年金は女性に手厚い制度

厚生年金に加入していた会社員や公務員、またその退職者が亡くなったとき、遺族には「遺族基礎年金」のほかに、「遺族厚生年金」が支給されます。

遺族厚生年金は女性に手厚いのがポイント。遺された妻には「中高齢寡婦加算」や「経過的寡婦加算」が加算される場合があります。

それにしても、年金制度は「とにかく複雑」のひと言につきます。実際にはお近くの年金事務所か「ねんきんダイヤル」に相談することをお勧めしますが、まずは、一つひとつのおおまかな内容をご紹介していきましょう。

なお、受給の最低条件として、年収８５０万円未満であること、故人に生計を維持されていたことは、前述の国民年金加入者と同じです。

❶遺族厚生年金

遺族厚生年金は、遺族基礎年金とは異なり、定額ではありません。これは、故人の月収や加入状況をもとに、一人ひとり違う計算をするため。故人がもらうはずだった老齢厚生年金の報酬比例部分の4分の3を遺族厚生年金として受給することになります。

遺族厚生年金は子どもがいる・いないにかかわらず受け取ることができます。また、①配偶者→②子→③父母→④孫→⑤祖父母、の順に受給対象となります。ただし、妻・子・孫以外の人が受け取る場合は、故人が死亡した当時に受給者が55歳以上だったことが条件。かつ、受給は原則60歳からです。受給者も会社員な

どで、自分の老齢厚生年金が支給される場合は、比較してどちらか条件のよいほうを選択することになります。

なお、夫死亡時に子どものいない妻の年齢が30歳未満の場合、支給は5年間で打ち切りとなります。

❷中高齢寡婦加算

遺族基礎年金の対象年齢の子どもがいない40歳以上の妻に、自動的に加算されます。額は遺族基礎年金の4分の3で、収入や年齢によらず定額です。妻が自分の老齢基礎年金をもらえる65歳になると、自動的に終了します。なお、「寡婦加算」のため、「寡夫」には支給されません。

厚生年金加入者の受給イメージ図

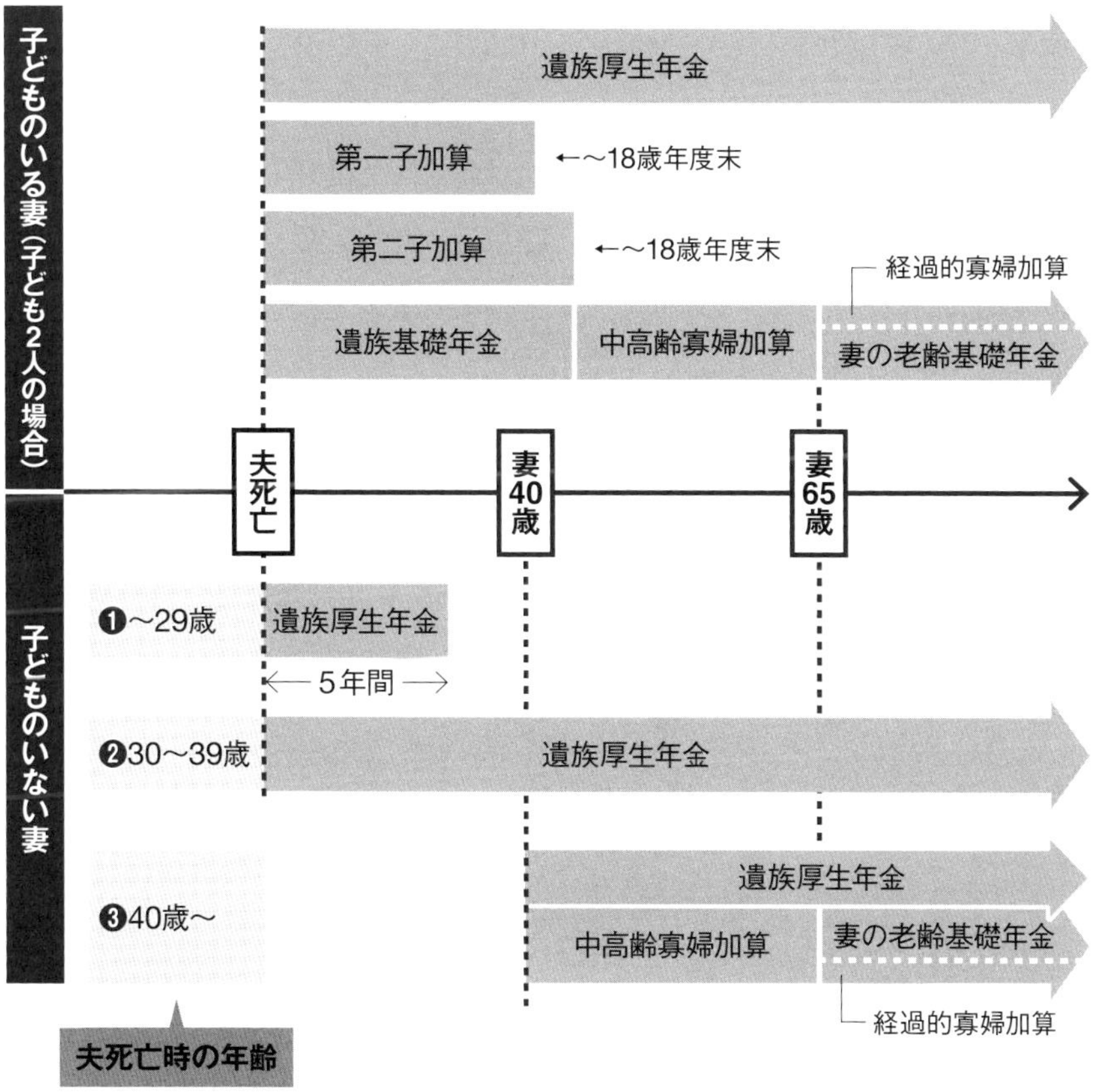

❸経過的寡婦加算

遺された妻が1956（昭和31）年4月1日以前生まれの場合、❷の「中高齢寡婦加算」支給が終了した後に切り替えで加算されます。金額は受給者の生年月日によって異なります。なお、遺された夫にはこの制度はありません。

遺族厚生年金の手続き

提出する人	故人と生計を同一にしていた親族 （優先順位は①配偶者→②子→③父母→④孫→⑤祖父母） ※妻・子・孫以外の人が受け取る場合は、故人が死亡した当時に受給者が55歳以上だったことが条件。かつ、受給は原則60歳から。
提出先	最寄りの年金事務所（故人が在職中の場合は勤務先）
期限	亡くなった日の翌日から5年以内
必要なもの （※提出先によって異なる場合も。詳細は電話等で確認を）	●年金手帳 ●戸籍謄本（記載事項証明書／6ヵ月以内のもの） ●世帯全員の住民票の写し★（生計維持証明） ●故人の住民票の除票★（世帯全員の住民票に含まれている場合は不要） ●請求者の収入が確認できる書類★（所得証明書、課税〈非課税〉証明書、源泉徴収票など） ●在学証明書・学生証★（義務教育終了前は不要） ●死亡診断書（または死体検案書）等のコピーまたは死亡届の記載事項証明書 ●受取先金融機関の通帳（本人名義）、印鑑 など

★＝マイナンバーの記入で提出不要となるもの

こんなとき「どうする?」に答えます Q&A

年金・保険編

お金にまつわる手続きは
複雑でよくわからないものも。
ここでは、よくある疑問を
取り上げます

Q 夫を亡くしたシングルマザーです。遺族年金と児童扶養手当は同時にもらえますか?

A 遺族年金との差額分が支給されます

これから一人で子どもを育てていく不安は、経済的な面でみても計り知れないものがあるといえるでしょう。そんなときに少しでも支えとなるよう、作られたのが児童扶養手当の制度です。子育て中のシングルマザーやシングルファーザーなどに支給される支援金で、死別だけでなく、離婚や、配偶者が重度の障害で働けなくなった場合にも支給されます。

対象者は、18歳の年度末までの子、または20歳未満で障害(1級・2級)のある子を育てている人です。

ただし、受給には一定の所得制限があり、遺族年金をもらっている場合は児童扶養手当との差額分のみ支給となります。まずは、住んでいる市区町村役場に問い合わせてみましょう。

Q 妻を亡くした夫は、遺族年金を受け取れますか?

A 故人が専業主婦か会社員か、子どもがいるかいないか、で大きく変わってきます

まずは、亡き妻が専業主婦だった場合。専業主婦は会社員に扶養されている配偶者で、自分で年金保険料を支払っていませんが、「第3号被保険者」として年金に加入しています。したがって、年収850万円未満の子育て世帯なら遺族基礎年金は支給されます。

次に、亡き妻が会社員だった場合。子育て世帯の場合は、遺族基礎年金のほかに、子どもに対して遺族厚生年金が支払われます。子どもがいなくても、年収850万円未満であれば夫は遺族厚生年金を受け取れますが、妻が死亡した時点で夫の年齢が55歳以上であることが条件と、女性よりも受給条件が厳しくなっています。なお、夫自身の老齢厚生年金が受給開始される65歳になると、比較してどちらか条件のよいほうを選んで受給することになります。

逆にいうと、夫が自営業者などで厚生年金に加入していない場合は、その後も亡き妻の遺族厚生年金の受給対象となる可能性が高いといえるでしょう。

こんなとき「どうする?」に答えます
Q&A

Q 夫が仕事中に亡くなりました。厚生年金のほかに、労災からも年金が支給されるそうですが……?

A 遺族厚生年金と遺族補償年金は同時に受給できます

仕事中に亡くなった場合、労働者災害補償保険（労災）から支給されるのが、遺族補償年金です。過去の賃金や家族構成などにより金額が決まります。遺族厚生年金や遺族基礎年金と同時に受け取ることができますが、この場合、労災からの年金が調整（減額）されます。

遺族が動かなくても、ふつうは会社が手続きをしてくれるはずですが、あやしいときは会社の近くにある労働基準監督署に相談を。

なお、遺族補償年金は遺族厚生年金や遺族基礎年金より高額になる場合が多いので、きちんと受け取れるよう、確認したいものです。

Q 子連れ再婚を考えています。遺族年金は子どもが引き継げるのでしょうか?

A 引き継げるのは遺族厚生年金だけです

遺族年金のうち、遺族基礎年金は終了しますが、遺族厚生年金は子どもが18歳の年度末を迎えるまで、子どもに支給されます。遺族基礎年金がもらえるから、再婚は子どもが高校を卒業してからにしようという話も聞きます。ちなみに、子どもがいない場合は、再婚したタイミングですべての遺族年金が終了します。

再婚で遺族年金が終了するのは、新しい配偶者との経済関係がスタートし、故人の遺族年金によって支えられていた生活が終了したとみなされるためです。なお、もし、再婚相手と離婚することになっても、元夫の遺族年金は復活しないことも覚えておきましょう。

Q 母の遺品を整理していたら、医療保険の証書が出てきました。入院や手術の給付金は遺族がもらえるのでしょうか。

A もらえますが、相続の対象となります

入院や手術の給付金は、亡くなるまでの分を請求できます。本来は故人が受け取るはずだったものですので、遺産分割や相続税の対象となります。医療保険の請求期限は3年ですが、故人が加入していたことを遺族が知らなかった場合など、証書でも出てこない限り、受給し損ねてしまうことも。また、日帰り手術や短期間の入院でも対象となることも多いので、まずは証書に書かれている保険会社に問い合わせをしてみましょう。

Q 私の生命保険料を支払っていた夫が先日亡くなりました。受取人を子どもに変更したいです。

A 相続人全員の賛成が得られれば、契約を変更できます

夫が自分を受取人にし、妻に死亡保険金をかけて保険料を支払っていたが、その夫が先に亡くなってしまったケースですね。

受取人を変更するかを決めることになりますが、決定するまでの間は、受取人が亡くなっているため、相続人全員の共有財産となって契約は継続します。相続人全員で話し合って賛成が得られれば、契約変更ができます。

Q 入院中に亡くなった父の医療費を私が支払いました。会社の年末調整で医療費控除の対象になりますか。

A 故人の医療費の控除は、実際に支払った人が受けられます

死後に請求された医療費は故人が支払うことはできませんので、遺族が支払うことになります。このケースの場合、支払った方と故人が生計を同一にしていれば、会社の年末調整での医療費控除の対象になります。

なお、医療費控除の一般的な条件は、その年の自己負担額が10万円（年収200万円未満の場合は年収の5%）を超えていること。生計を同一にしている家族の分はまとめることができ、上限200万円までが所得から控除され、源泉徴収された所得税の一部が還付金として戻ってきます。

つまり、家族の中でも所得税率の高い人にまとめたほうが還付金も多くなる仕組みなのですが、たとえ故人のほうが税率が高かったとしても、準確定申告では故人が実際に支払っていない医療費を申請することはできませんので、注意が必要です。

こんなとき「どうする？」に答えます
Q&A

Q 失業中の夫が亡くなりました。夫がもらうはずだった失業保険は、なくなってしまうのでしょうか。

A 遺族は亡くなった前日までの分を請求できます

失業保険を受給していた方が亡くなった場合、遺族は亡くなった前日までの未支給分を請求できます。期限は亡くなった日の翌日から6ヵ月以内。請求については、故人と生計を同一にしていた①配偶者→②子→③父母→④孫→⑤祖父母→⑥兄弟姉妹、の順に権利があります。故人が失業保険を申請していた窓口に相談してみましょう。

Q 独身で子どもがいません。自分の死後の手続きがどうなるのか不安です。

A 「死後事務委任」などを利用する方法もあります

高齢で身寄りがない一人暮らしの方や、親族がいても付き合いがなく頼みにくい場合など、死後に発生する手続きや届け出を第三者に「死後事務委任」として託す方法があります。特に専門家である必要はありませんが、弁護士や司法書士などと生前に契約を結んで費用を支払っておき、死後に代行してもらうといった形が多くみられます。遺言書を遺すことと合わせて検討してみるとよいでしょう。

Q 母が亡くなって間もなく、父も亡くなりましたが、生命保険の受取人が亡き母のまま。どうしたらよいでしょうか。

A 保険金は相続対象となります

ご両親とも高齢の場合など、死亡保険金の受取人が変更されないまま亡くなっているケースは時々見受けられます。

受取人に指定されていたお母様がご存命であった場合はお母様個人の財産となり、遺産分割の対象にはならなかったのですが、この場合、保険金は法定相続人が受け取る相続対象となり、相続の内容が具体的に決まるまでは請求できません。

なお、請求する際には法定相続人であることを証明する書類のほか、法定相続人全員分の捺印が必要になるなど、手続きも面倒に。受取人の変更はできるだけすみやかに行うに越したことはありません。

第3章

10ヵ月以内に終わらせる

「遺産相続」ですべきこと

※各手続きの制度や名称、方法、必要な書類等は、地域によって異なる場合があります。

すぐにわかる！ 遺産相続の手続きの基本

課税される人が急増！「明日は我が身」の相続問題

テレビドラマや小説の話くらいにしか思っていなかった「遺産相続」。そんな他人事だと思っていた相続問題は、身内の死とともに、ほぼ誰にでも降りかかります。人の死はいつか必ず訪れ、この世に何かを残して去っていくからです。

「そうはいっても、うちにはそんな財産はないから」とも言っていられないデータがあります。国税庁のホームページによると、２０１７年に相続税の課税対象となった人は全国平均で8・3パーセント。これは、**２０１７年に亡くなった人の12人に1人の遺産が課税対象になっ**たことを意味します。地価の高い都市部ではさらに顕著で、東京都の場合は16・2パーセント。なんと6人に1人の割合です。**都市部では「持ち家に住んでいるだけで相続税がかかる」という噂も、あながち大げさとは言えない**のです。

相続税の申告と納税期限は、相続の開始があったことを知った日の翌日から10ヵ月以内。余裕があるようにみえて、実際にはあっという間です。相続人全員に連絡をとり、遺産分割協議を行い、必要書類をそろえ……慣れない膨大な作業が続くだけでなく、納める税金まで用意しなければなりません。まずは左ページの図でおおまかな流れをつかみ、詳細は各項目のページを参照してください。期限があることですので、**難しいと感じた手続きについては、「自分でもできそう」と抱え込まずに、税理士などの専門家に依頼したほうがよい**でしょう。

相続手続きの主な流れ

❶ 遺言書を探す　108～109ページ

↓

❷ 誰が相続するのか確定させる　110～111ページ

↓

❸ 遺産がどれくらいあるのかを調べる　112～113ページ

↓

❹ 遺産を相続するか、放棄するかを決める　114～115ページ

↓

❺ 遺産の分け方を決める　116～117ページ

↓

❻ 遺産の評価がどのくらいになるのか調べる　126～129ページ

↓

❼ 相続税の申告と納税（10カ月以内）　136～138ページ
遺産の名義を変える　146～153ページ

相続税には基礎控除額があり、遺産の総額から差し引いてゼロかマイナスになれば、相続税はかかりません。その基礎控除額は、3000万円＋600万円×法定相続人の数。たとえば、母と子ども2人が法定相続人の場合、3000万円＋600万円×3人＝4800万円です。遺産が基礎控除額をオーバーしていても、特例などが使えれば相続税を減らしたり、ゼロにすることもできます（130～131ページ参照）。

税理士
中島朋之さん

必須！

すみやかに

遺言書を探す

遺言書を作る人は増えている！ 自宅や公証役場で探してみましょう

遺言書を探すところから相続手続きはスタートする

相続はまず、遺言書があるかないかを確認するところから始まります。遺言書は遺された人が困ることがないようにと、財産の分け方などの思いを形にした〝家族へのメッセージ〟ともいえるもの。作成するのは成人死亡者数の10人に1人程度といわれていますが、法改正により一部の手続きが簡略化されたこともあり、今後増えていくでしょう。

故人の遺志を無にすることのないよう、遺言書の存在を知らされていない場合も、ひとまず探してみましょう。ない場合も「探したけれどなかった」という事実をはっきりさせておけば、すっきりと次のステップに進むことができます。

自筆の遺言書は開封厳禁！ すぐに家庭裁判所に提出を

遺言書にはいくつかの形式がありますが、主なものとしては、公証人が作成した「公正証書遺言」と、故人が直筆した「自筆証書遺言」があります。公正証書遺言なら特に手続

Q 手書きのメモも遺言書になりますか？

A 条件を満たしていれば認められます

遺言書には書き方の決まりがあり、自筆の場合、不備があれば無効になります。「故人が手書きで書いた」ことが最低条件であり、日付や署名・捺印などの条件を満たしていれば、メモ用紙であっても認められるケースがあります。なお、法改正により、財産目録についてはパソコン等で作ることや、預貯金通帳のコピーの添付も認められるようになりました。

きなしに使用でき、相続手続きの次のステップに進めます。

問題は、自筆証書遺言であった場合。遺言書の保管者、または発見した相続人は、遺言書を家庭裁判所に提出して「検認」という手続きを申請します。封印のある遺言書については、家庭裁判所で相続人等の立ち会いのうえ、開封します。

「検認」とは、相続人に対し、遺言書の存在を知らせるとともに、遺言書の内容を明確にして偽造・変造を防止するための手続きです。その遺言書が有効か無効かを判断するものではないので注意しましょう。

検認が完了すると、検認済証明書が発行されます。これがないと遺言の執行ができません。

TOPICS

遺言書はどこで見つかる? 検索システムも活用して探しましょう

故人の生前に、遺言書の有無や、あったとしても保管場所を聞いていなかった場合、まずは故人の自宅を探します。貸金庫や病院、介護施設などから見つかることも。付き合いのあった税理士や弁護士、司法書士、行政書士が何らかの相談を受けている可能性もあり、問い合わせてみるのも手でしょう。

公正証書遺言に限っては公証役場に原本が保管されているため、最寄りの公証役場の「遺言検索システム」で探すことができます(本人確認書類や戸籍謄本などが必要)。なお、自筆証書遺言を法務局で保管する制度が2020年7月に開始される予定です。

必須！

すみやかに

誰が相続するのか確定させる

民法で定められた法定相続人と優先順位を確認します

遺言書がない場合は法定相続人が相続する

誰が故人の遺産を相続するのか。まず、遺言書があった場合は、血縁者かどうかに関係なく、そこに書かれている人が相続人（＝指定相続人）になります。しかし実際には、遺言書がないケースのほうが多く、民法で定められた「法定相続人」が相続することになります。

「そんな難しい言葉を使わなくても、要するに配偶者や子ども、または親やきょうだいでは？」……基本的にはそのとおりです。ただし、その「配偶者や子ども」「親やきょうだい」には、民法において定められた優先順位と範囲があるのです。

配偶者は必ず相続人になりそれ以外は順番がある

まず、配偶者（❶）は必ず相続人になります。この配偶者にプラスして、相続する人たちの優先順位は左ページの図のとおりです。

- **第1順位**　子ども（養子も）❷→孫❸→何代でも可
- **第2順位**　父母❹→祖父母❺→何代でも可
- **第3順位**　きょうだい❻→おい・めい❼

まず、第1順位のグループ内で、優先順位の1番目は子ども。配偶者がいれば配偶者と子どもが、配偶者がいない場合は子どものみが相続人になります。子どもが亡くなっていれば孫、曾孫と下位へ移ります（代襲相続→159ページ参照）。

第1順位のグループに誰もいない場合、同様に第2順位、第3順位のグループへと相続権が移ります。

法定相続人の範囲と優先順位

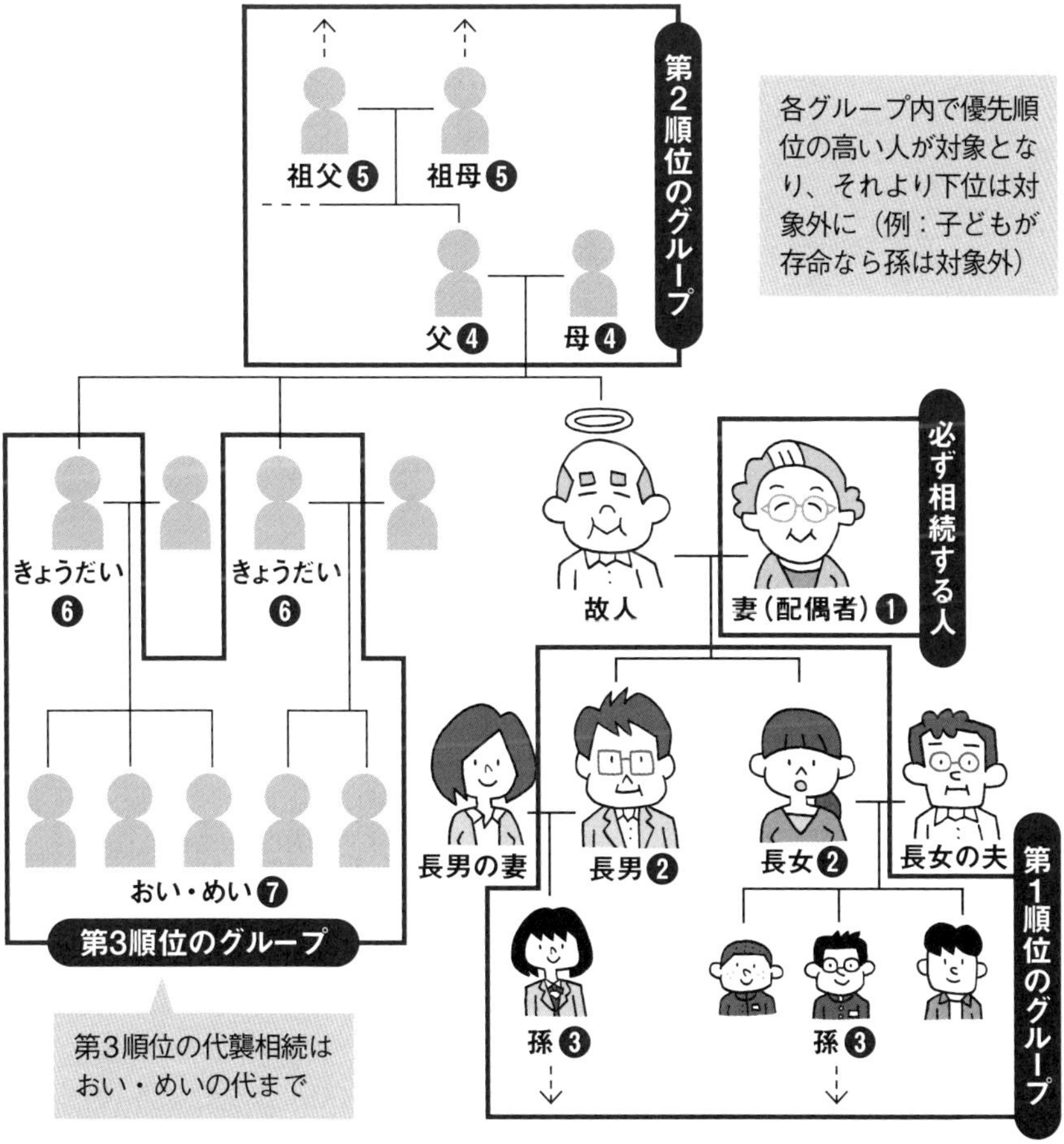

TOPICS

戸籍謄本を集めるのはなぜ？

遺産相続にあたり、故人と法定相続人すべての戸籍謄本を集める必要があります。これは、故人との関係を証明するだけでなく、隠し子など、新たな相続人がいないことの確認も兼ねています。

集めるのは、故人の場合、出生から死亡までのすべての戸籍謄本。戸籍謄本は本籍地で取得するため、本籍を移している場合、それぞれから取り寄せねばならないケースも。方法は、まず最後の本籍地で最新版を入手。そこに書かれた一つ前の戸籍がある役所をたどって取り寄せる、を出生時の戸籍が手に入るまで繰り返します。

必須！

3ヵ月以内

遺産がどれくらいあるのかを調べる

遺産には借金なども含まれます。相続放棄は期限が短いので早めに行います

遺産にはプラスのものもあればマイナスのものもある！

故人の遺産は、現金や不動産のように、受け取った人にプラスになるものだけではありません。相続では、特に何も手続きをしなければ「単純承認」といって、プラスの遺産だけでなく、借金や未払いの税金など、マイナスの遺産もすべて相続することになります。

そのため、まずはどのような遺産があるのかを確認する必要があります。プラスの遺産とマイナスの遺産を比べて、マイナスのほうが多かったら、相続を放棄することもできます（114ページ参照）。ただし、期限は相続する遺産があることを知ってから3ヵ月以内。この間に、遺産の内容を調べたうえで、相続するか、放棄するかの判断をしなければなりません。

実は大変な遺産探し！郵便物などからわかることも

遺産探しは、意外と大変な作業です。家や土地、現金や預金など、いまわかっているもののほかに「あるかもしれない可能性」を探っていくことになります。

探す場所と見つかるものとしては、以下のようなものが想定されます。

- **財布、引き出し、仏壇**
  ↓現金や地金、通帳など
- **郵便物**
  ↓株や投資信託、生命保険の関連書類
- **パソコン・スマートフォン**
  ↓ネット銀行の預金
- **領収書入れ**
  ↓不動産の固定資産税の領収書
- **書類のファイル**
  ↓各種権利書や契約書

✓Check! 遺産の主な種類

種類				内容
プラスの遺産	不動産	土地	□	宅地、農地、山林、 アパートや駐車場などの敷地など
		建物	□	自宅、貸家、店舗など
	金融資産	現金	□	現金、預貯金
		有価証券	□	株式、国債、公社債、投資信託、商品券、 プリペイドカードなど
	その他		□	貴金属、美術品、骨董品、ゴルフ会員権、 電話加入権、自動車、著作権や特許権 などの権利、売掛金、裁判上の損害賠償 請求権など
マイナスの遺産	借金		□	銀行・カード会社・消費者金融等への借金、 ローン
	支払い債務		□	未納の家賃や税金、未払い代金など
	その他		□	保証債務、損害賠償債務など

必須！

3ヵ月以内

遺産を相続するか、放棄するかを決める

借金のほうが多い場合は放棄してもＯＫ。ただし撤回はできません

相続放棄とは「最初から相続人ではなかった」とする手続き

借金などがあり、プラスよりもマイナスの遺産のほうが多いことがわかったら、家庭裁判所で「相続放棄」という手続きを取ることができます。

これは、ほかの相続人の許可は必要なく、「放棄したい」と思った人が単独で決められます。マイナスの遺産がない場合でも、たとえば「家業を継ぐ兄に譲りたい」「自分は生活に困っていないから、進学を控えた子どもがいる妹に譲りたい」などの理由で放棄することも可能です。ただし、一度放棄すると撤回はできず、後から大きな資産が見つかったとしても、もらえる権利はなくなります。相続放棄とは、「この人は最初から相続人ではなかったことにする」という手続きであるため、子どもなどに代襲相続されることもなくなります。

相続放棄の期限は３ヵ月！ただし相続することを知ってから

相続放棄の期限は、自分が相続人になったことを知ってから3ヵ月以内。必ずしも故人が亡くなってから

相続放棄と限定承認

種類	内容	申請する人	申請先	期限
相続放棄	プラスの遺産もマイナスの遺産もすべて放棄する	相続人各自が単独で	故人が住んでいた地域の家庭裁判所	相続人になったことを知ってから3ヵ月以内
限定承認	プラスの遺産の範囲内でマイナスの遺産も相続する	相続人全員が共同で	故人が住んでいた地域の家庭裁判所	相続人になったことを知ってから3ヵ月以内

3ヵ月以内ではありません。

たとえば、身内の誰かが相続放棄したことを知らされておらず、ある日突然、消費者金融から電話があり、自分が借金を相続する立場になったことを知ったとします。この日から3ヵ月以内に、放棄か相続かを決めればよいことになります。なお、3ヵ月以内に相続か放棄かを決められない場合は、家庭裁判所に「相続の承認又は放棄の期間の伸長」の申し立てを行いますが、必要書類も多いため、早めに問い合わせましょう。

借金がどのくらいあるのかわからないときは限定承認

借金があるのはわかっているけれど、プラスの遺産より多いかどうかが不明なとき。こんなときは「限定承認」という手続きを選択することができます。これは、「プラスの遺産の範囲内で、マイナスの遺産も相続する」というもの。たとえば、故人の遺産を調べた結果、プラスの遺産として現金500万円と、マイナスの遺産として借金700万円が見つかったとします。限定承認の手続きを取っていれば、借金の返済義務は、プラスの範囲内の500万円まで。この手続きも、相続放棄同様、自分が相続人になったことを知ってから3ヵ月以内に家庭裁判所で行います。

相続放棄のときと違い、限定承認については相続人全員が共同で行わなければなりません。反対の人が一人でもいれば、そのまま相続するか相続放棄をするかを各自が選ぶことになります。ただし、反対していた人が相続放棄をした場合は、残りの人で限定承認をすることは可能です。なお、限定承認したことと、債権の請求をすべき旨を官報に公告として出すことが義務付けられており、手続きがより面倒になることを心得ておきましょう。

必須！

10ヵ月以内が目安（なるべく早めに）

遺産の分け方を決める

法定相続分以上に優先されるのは、相続人全員の意思です

法定相続分はあくまで目安 すべては話し合いで決める

誰が遺産を相続するのかが決まったら、いよいよ遺産の分け方を決める「遺産分割協議」に入ります。

ここで大前提として、相続人全員が持っておきたい共通認識があります。それは、遺産分割協議で最優先されるのは「相続人全員が話し合って、納得する」ということ。後述の「法定相続分」どおりでなくても、「みんなが相談して決めたこと」なら問題ありません。なお、遺言書がある場合には、原則そのとおりの遺産分割が行われます。

遺産分割協議は、必ずしも全員が一堂に集まる必要はありません。病気や海外在住などで、話し合いの場に来られない人がいても、電話や書面、メールなどで意見をまとめて最終的に遺産分割協議書に押印すれば、成立したものとして認められます。

不成立となるのは、

- **相続人の中に1人でも不参加の人がいる**
- **反対者がいて話し合いがまとまらない**

といった場合。家庭裁判所に遺産分割調停を依頼することになります。

遺産の分け方は この4種類

日本人の遺産の多くは土地や建物などの不動産といわれており、現金や預貯金などのように平等に分けることが難しいケースが大半です。

それではどのように分けるのかというと、左ページの表にある4種類が主なやり方です。それぞれにメリット・デメリットがあり、最も合う方法を選ぶこととなります。

遺産の分け方

種類	内容	メリット	デメリット
①現物分割	遺産そのものを現物のまま分ける方法 例：母が自宅と土地、長男が預貯金とアパート、長女が株式と駐車場というように、遺産をそのままの形で分ける	●不動産など、そのままの形で残せる	●法定相続分通りに分けにくい
②換価分割	不動産や貴金属など、現物のままでは分けにくいものを売却して、その代金を分ける方法 例：自宅を売却した代金を、母・長男・長女で分ける	●公平に分けられる ●現物分割に組み合わせて使える	●不動産など、現物が残らない。高齢の親が住んでいる自宅など、売りにくいケースも ●売却に費用と手間がかかる ●売却時に譲渡所得税（所得税と住民税）がかかる
③代償分割	不動産など、誰かが多く相続する代わりに、ほかの相続人に代償財産を払う方法 例：長男が自宅を相続し、その代わりに母と長女に長男が手持ちの現金を渡す	●不動産など、そのままの形で残せる	●代償財産を負担する人に支払い能力（主に現金）が必要
④共有分割	不動産など、複数の相続人が持ち分を決めて共有する方法 例：自宅兼店舗のビルを、母が1／2、長男が1／4、長女が1／4と持ち分を決めて共有する	●不動産など、そのままの形で残せる ●公平に分けられる ●譲渡所得税がかからない	●誰かが遺産を売却したくなったとしてもやりにくい ●共有者に次の相続が発生すると、利害関係が複雑になる

TOPICS

行方不明者や認知症の人がいた場合は？

相続人の中に行方不明者や、認知症などで判断能力を欠く人、また未成年者がいた場合、遺産分割協議の前に家庭裁判所で代理人を選任してもらう必要があります。行方不明者の代理人は「不在者財産管理人」、判断能力を欠く人の代理人は「成年後見人」、未成年者の場合は親権者か、「未成年後見人」です。

ただし、これらの代理人が親族で、しかも同時に相続人になっている場合、利益相反となります。その場合は家庭裁判所で「特別代理人」を選任してもらうことになります。

COLUMN

遺産分割協議書を作る

難しかったら士業に任せるのも手。トラブル対策にもなります

不動産の移転登記や相続税の申告などには必須

作成は義務ではないが ないとできない手続きも

遺産の分け方が決まったら、「遺産分割協議書」を作成しておきましょう。これは義務ではありませんが、口約束では「言った・言わない」「聞いていない」「思い違い」などのトラブルも起こりやすくなります。

また、不動産の移転登記や相続税の申告は、原則として遺産分割協議書がないと手続きができません。銀行口座など金融機関の相続手続きの際にも、遺産分割協議書があれば、いちいち相続人全員の署名・捺印を集めなくても済む場合もあります。

書式の決まりはないが 必須事項を網羅しているか確認を

遺産分割協議書には書式はありません。

- **被相続人の名前・生年月日・本籍・最後の住所を記載する**
- **誰が、どの遺産を、どのような方法で相続するのかを明記する**
- **相続人全員が署名・捺印（実印で、印鑑証明書も添付）する**

これ以外の決まりはありません。縦書きでも横書きでも、ワープロソフトで作ってプリントアウトしても手書きでもOKです。なお、訂正の場合は二重線を引いてその上に訂正印（実印）を押し、すぐ近くに正しいものを書きますが、不安な場合は新しく作り直してもよいでしょう。

遺産分割協議書の作成自体はそれほど難しいものではありませんが、不備があって無効となることが不安であったり、遠方に住む相続人から署名・捺印をもらうことが難しい場合などは、行政書士や司法書士などの専門家に依頼するのも手です。

遺産分割協議書

被相続人　音羽太郎（1934年5月1日出生）
本籍　東京都文京区おとわが丘2丁目12番地
最後の住所　東京都文京区おとわが丘2丁目12番1号

> ❶最後の住所は、住民票のとおりに記載

2019年7月1日に死亡した被相続人音羽太郎の相続人である音羽道子、音羽まもる、講談京子の全員は、被相続人の遺産の分割について協議した結果、次のとおり分割することに同意した。

1. 音羽道子は、次の遺産を取得する。

不動産

所　在	東京都文京区おとわが丘2丁目
地　番	12番
地　目	宅地
地　積	123平方メートル
所　在	東京都文京区おとわが丘2丁目12番地
家屋番号	12番
種　類	居宅
構　造	木造かわらぶき2階建
床面積	1階45.00平方メートル 2階23.45平方メートル

> ❷不動産は、登記事項証明書のとおりに記載

2. 音羽まもるは、次の遺産を取得する。
（1）文京銀行おとわが丘支店　定期預金　口座番号　1234567　の全額
（2）こうだん銀行おとわが丘支店　普通預金　口座番号　7654321　の全額

> ❸預貯金は、銀行名、支店名、預金種別、口座番号を記載

3. 講談京子は、次の遺産を取得する。
（1）おとわ銀行おとわが丘支店　普通預金　口座番号　~~[illegible]~~ 1234567　の全額　音羽　音羽　講談
（2）○○株式会社の普通株式500株

> ❹訂正は、二重線を引いた上に相続人全員の実印を

4. 本協議書に記載のない遺産および後日判明した遺産は、音羽まもると講談京子が1／2ずつ取得する。

> ❺あとから財産が見つかった時のことも決めておく

以上のとおり遺産分割協議が成立したので、本協議書3通を作成して署名押印のうえ、各自1通ずつ所持するものとする。

2020年3月1日

東京都文京区おとわが丘2丁目12番1号
相続人　音羽道子　音羽

東京都文京区おとわが丘3丁目12番1号
相続人　音羽まもる　音羽

群馬県高崎市音羽台1丁目2番3号
相続人　講談京子　講談

> ❻住民票のとおりに住所を記載し、実印を押す

必要なら

10ヵ月以内が目安（なるべく早めに）

遺産分割協議がまとまらないとき

民法で定められた法定相続分と遺留分について確認しましょう

「法定相続分」を目安に話し合いを

遺言書がなく、遺産分割の話し合いもまとまらない。こんなときに分け方の基準となるのが、民法で定められた「法定相続分」です。前述のように、法定相続分とはあくまで目安であって、必ずこのとおりに分けなくてはならないというものではありません。法定相続分を目安に話し合いを続け、どうしてもまとまらない場合は通常、まずは家庭裁判所に遺産分割調停の申し立てを行います。この調停が不成立の場合、裁判官による遺産分割審判が行われます（123ページ参照）。

遺言があっても保障される最低限の取り分

また、遺言に書かれた遺産の分け方に不満を持つ人がいる場合、「遺留分侵害額の請求」といって、法律で保障された「最低限の取り分」を取り返すことができます。たとえば、父の遺産の相続人が配偶者である母と、長男・次男である場合で、遺言書に「長男に全部」と書かれていたとしても、母には1/4、次男には1/8の「遺留分」が残されています（左ページの表参照）。遺留分は、各人がもともともらえるはずだった遺産の半分（父母、祖父母など、相続人が直系尊属のみの場合は1/3）と考えるとわかりやすいでしょう。なお、故人のきょうだいとその子どもには遺留分はありません。

請求期限は故人が亡くなってから10年以内、または遺留分が侵害されていることを知ってから1年以内。相手が応じない場合は家庭裁判所に調停の申し立てをすることになります。

法定相続分と遺留分の割合

法定相続人 (故人からみた続柄)	法定相続分	遺留分
配偶者のみ	すべて	1／2
配偶者＋子	配偶者1／2、 子1／2（人数で等分）	配偶者1／4、 子1／4（人数で等分）
配偶者＋親	配偶者2／3、 親1／3（人数で等分）	配偶者1／3、 親1／6（人数で等分）
配偶者＋きょうだい	配偶者3／4、 きょうだい1／4（人数で等分）	配偶者1／2、 きょうだいはなし
子のみ	すべて（人数で等分）	子1／2（人数で等分）
親のみ	すべて（人数で等分）	親1／3（人数で等分）
きょうだいのみ	すべて（人数で等分）	なし

TOPICS

遺産分割協議が長引くと、トクする人はいない！

長引きやすいのは、資産家よりも遺産が自宅だけだというケース。自宅は売れば住めなくなるし、預貯金も少なければ「誰が相続するのか」「不公平になる」といった具合に話し合いが紛糾します。しかし、遺産分割協議が長引くと誰もトクしません。

まず、相続税の支払い期限である10ヵ月が過ぎた時点で、未分割でも納税義務が発生。裁判になれば裁判費用に弁護士費用……と、お金ばかりがかかり、そこまでいくと家族仲も険悪に。何年も闘い続けた挙げ句、遺産を手にするのにかけた年月や費用、労力に見合うのかというと、はなはだ疑問が残るところ。「もめるとこうなる」という現実を相続人同士が理解しあい、10ヵ月以内に「まあ、これでいいか」という着地点を見出すのがベストです。

こんなとき「どうする?」に答えます

Q&A

相続編❶

相続の悩みは人それぞれで、
他人には聞きにくいことも。
よくある相談事例を
Q&Aでまとめました

Q 父の遺言が貸金庫の中に……。どうしたらいいですか?

A 死後、貸金庫を開けるには法定相続人全員の同意が必要です

本人が亡くなると貸金庫は閉鎖されます。開けるには、法定相続人全員の同意などの手続きが必要です。そのため、遺言書を貸金庫に預けるのは得策とはいえません。

なお、信託銀行には遺言書の作成から遺言執行者として貸金庫の開示、執行まで行う遺言信託を扱っているところもあります。

Q 孫に遺産をあげたいのですが。

A 子どもが亡くなっている場合は「代襲相続」ができます

故人の子どもが相続開始前に亡くなっている場合は、孫が代わりに相続します。これを「代襲相続」といいます。子どもが生きている場合、孫は遺産をもらえませんので、もし孫にも相続させたいなら、遺言書に書いておくべきでしょう。

なお、子どもが生きている間は孫は法定相続人ではありませんので、孫の相続税は2割増しになります。生前に孫を養子にし、法定相続人にした場合でも同様です。税金対策として孫に相続させることを考えている場合は、この点も考慮するとよいでしょう。

Q 父の遺言に「遺産は妻に全部」と書かれていました。子どもの私は遺留分はいりません。何か手続きが必要ですか?

A 遺留分は、何もしなければ自然に放棄されます

父（故人）の遺言が「妻にすべての財産を相続させる」というものだった場合でも、子どもたちは法律で認められた遺留分を請求することができます。しかし、父の遺志を尊重したいなら、遺留分を請求しなくてもよいのです。遺留分は、「遺留分侵害額請求」をしてはじめて認められますので、何もしなければ自然に放棄されます。

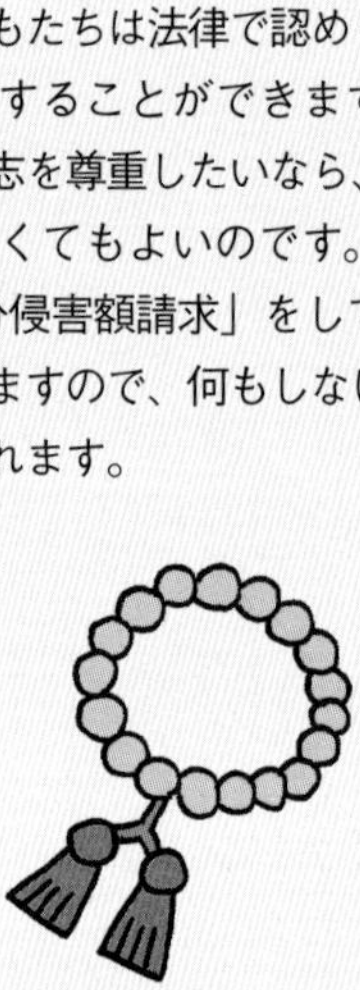

Q 夫の葬儀に先妻の子どもが……。遺産の話をすべきでしょうか？

A 先妻の子どもにも相続権があります

先妻の子どもも、再婚によって生まれた子どもと同じ法定相続分の権利を持っています。これは、認知したのみでかつて婚姻関係になかった相手との間の子ども（非嫡出子）も同様です。正式な相続人ですので、遺産分割協議のメンバーに加えなければなりません。

なお、離婚した先妻や、非嫡出子の母親については、現在の配偶者ではないため相続人にはなりません。

Q「子どもがいない夫婦は遺言書がないと相続でもめる」と聞きました。

A 親か、きょうだいと遺産分割をすることに……

子どもがいない夫婦で夫（妻）が亡くなった場合、遺産は妻（夫）にすべて渡るものと思っている人が多いようです。ところが実際には、故人に子どもがいない場合は、法定相続人には故人の親か、親が亡くなっている場合はきょうだいが加わり、自分と血がつながっていない親族と遺産分割協議を行わなければなりません。そこで「自分の死後は、全財産を配偶者に相続させる」と、夫婦がそれぞれ互いに遺言書を作っておくことをおすすめします。遺言書があれば、遺留分は故人の親が1／6、きょうだいはありません（121ページ参照）。

Q 遺産分割協議でもめています。裁判になるのでしょうか？

A まずは、家庭裁判所で調停の申し立てを

相続でもめても、いきなり裁判にはなりません。まずは家庭裁判所へ行き「遺産分割調停」を行います。調停委員が相続人の間に入ってそれぞれの言い分を聞き、法律や良識に基づいて話し合いを続け、解決の道を探ります。公平な第三者が間に入ることで、感情が抑えられて話がまとまりやすくなります。

相続人全員の合意が得られれば調停成立となり、調停調書が作成されます。調停調書は、確定判決と同じ効力を持ちます。

ただし、調停は話し合いをまとめることが目的で、内容を強制することはできません。話し合いがまとまらず調停不成立となった場合は、次の段階として「審判（裁判手続きの一種）」に移行します。審判では、各相続人の言い分は考慮されず、裁判官が法律に従って遺産分割を決めます。これに不服がある場合は「即時抗告」を行い、審判は高等裁判所へ。高等裁判所の審判にも不服がある場合は、最高裁判所に不服申し立てをできる場合もあります。

必須！

10ヵ月以内

相続税の対象かどうかチェック

わが家は申告や納税が必要？　自分でもできる方法で簡単チェック！

相続税の申告も納税もいらないケースは8～9割！

「わが家は相続税の申告や納税が必要なのか」を左ページでチェックしましょう。相続税については次の3パターンがあり、

Ⓐ申告も納税も不要

Ⓑ申告は必要だが、納税は不要

Ⓒ申告と納税が必要

実は、Ⓐの「何もしなくてよい」ケースが全体の8～9割です。ⒷかⒸの場合は相続税の申告書を作る必要があります。

左ページ

「3ステップでかんたん相続税チェックシート」の使い方

Ⓐ「プラスの遺産」の合計を書き込みます

↓

Ⓘ「みなし相続財産」〈127ページ参照〉の合計を書き込みます

↓

Ⓤ相続税の対象となる生前贈与財産（3年以内の贈与財産、または相続時精算課税制度〈159ページ〉による贈与財産の合計）を書き込みます

↓

Ⓔ生命保険金や死亡退職金の非課税額（500万円×法定相続人の数）などの合計を書き込みます

↓

Ⓞ借金やローンなどの「マイナスの遺産」の合計を書き込みます

↓

Ⓚ葬儀費用の合計を書き込みます

↓

ⓀⓀ相続税の基礎控除は3000万円＋（600万円×法定相続人の数）です

↓

ステップ❶の合計から、ステップ❷の合計とステップ❸の合計を引きます

3ステップでかんたん相続税チェックシート

ステップ❶

㋐ プラスの遺産	円
㋑ みなし相続財産	円
㋒ 相続税の対象となる生前贈与財産	円

❶合計　円

ステップ❷

㋓ 非課税額	円
㋔ マイナスの遺産	円
㋕ 葬儀費用	円

❷合計　円

ステップ❸（基礎控除）

㋖ 3000万円	3000万円
㋗ 600万円×法定相続人の数＝	円

❸合計　円

❶ − ❷ − ❸ ＝　円（課税遺産総額）

ここが0かマイナスになったら相続税の申告と納税は不要になります。プラスになった場合は、次のページに進みましょう。

（例）相続人が配偶者と子ども2人の場合

ステップ❶ ㋐3000万円＋㋑2000万円＋㋒500万円＝❶合計5500万円
ステップ❷ ㋓1500万円＋㋔400万円＋㋕150万円＝❷合計2050万円
ステップ❸ ㋖3000万円＋㋗1800万円＝❸合計4800万円

❶5500万円 − ❷2050万円 − ❸4800万円 ＝ −1350万円
（マイナスになるため、相続税の申告と納税は不要）

必須！

10ヵ月以内

遺産の評価がどのくらいになるのか調べる

わが家はいくら？　相続の評価額は不動産広告の額とは違います！

正しく評価すれば、相続税がゼロになるケースも！

遺産の内容をリスト化するとともに、その遺産が相続税を計算する際にいくらで評価されるのか、「評価額」も一つひとつ調べていきます。

相続税における評価は、項目ごとに計算方法が定められています。特に不動産については、その土地や建物が自宅用か、賃貸用かといった具合に評価方法が細分化されています。「不動産広告に出ている額とは違う」ことを覚えておきましょう。

遺産が基礎控除額の範囲に収まるのかなどを調べるためにも、ここで正しく評価することが必要です。

まずは、左の表を参考に、遺産とその評価額をリストアップします。あまり難しく考えず、「全体像をざっくりつかむ」つもりでおおまかに算出してみましょう。ここから、マイナスの遺産となる、

- **借金**
- **ローン**
- **葬儀費用**

などを差し引いたものが「相続財産の全体像」です。

自分で計算した結果、申告が必要だと思っていても特例や、細かいルールを適用することで納税が不要になることもありますので、不安な方は、専門家に相談しましょう。

税理士
中島朋之さん

Check! 主な遺産と概算の評価方法

種類			評価方法	わが家の場合（概算）
土地	□	自宅など、自用の土地（自用地）	路線価方式または倍率方式による評価額（128ページ参照）	円
	□	貸家の土地（※）	自用地評価額×（1−70%×30%×賃貸割合）	円
	□	貸駐車場の土地	自用地評価額×100%	円
	□	貸宅地（※）	自用地評価額×（1−70%）	円
	□	借地権（※）	自用地評価額×70%	円
建物	□	自宅	固定資産税評価額×100%	円
	□	貸家	固定資産税評価額×(1−30%×賃貸割合)	円
金融資産	□	現金	死亡した日の残高	円
	□	預貯金	死亡した日の残高	円
	□	有価証券（株式、国債、公社債、投資信託など）	死亡した日の時価（一定の調整あり）	円
	□	金地金	死亡した日の買取価格	円
みなし相続財産	□	生命保険金	受取金額（500万円×法定相続人数分は非課税）	円
	□	死亡退職金	受取金額（500万円×法定相続人数分は非課税）	円
その他	□	3年以内の贈与	受取金額	円
	□	自動車	中古査定価格	円
	□	ゴルフ会員権	取引相場の70%	円
	□	美術品・骨董品	鑑定価格	円
	□	電話加入権	1500円程度（地域や年度により変動）	円

合計　　　　円

（※）借地権割合を70%として計算（地域により異なる）
借家権割合は全国一律30%

難しいのは不動産の評価　詳しくは専門家に依頼が◎

遺産の評価の中で、最も難問といえるのが不動産です。①建物②土地の2つに分けて計算します。

❶建物

自宅は固定資産税評価額そのままで、アパートなどの貸家は借家権割合分を差し引いて評価します。

固定資産税評価額は、毎年届く納税通知書に記載されているほか、市町村役場で「固定資産税評価証明書」を発行してもらい、確認することもできます。

❷土地

その土地がどこにあるかで計算方法が異なります。市街地にある場合は主に「路線価方式」、郊外や農村部、別荘地など、それ以外の場所にある場合は「倍率方式」で計算します。どちらも、国税庁のホームページで調べることができます。

実際には角地や両面道路、間口、不整形地、がけ地などの細かい条件で加算や減算の調整を行い評価します。複数の道路に面していれば加算され、不整形地など条件が悪い土地は減算されるというわけです。

これらの条件を正確に加味して算出するのは専門家でないと難しいのですが、その前に自分である程度把握しておけば今後の方針を決めるうえで参考になります。左ページの方法でおおまかに計算してみましょう。

TOPICS

他人に貸している土地は評価が下がる

アパートなどの貸家の敷地や、他人が家を建てるのに貸した土地（貸宅地）、逆に、自分が他人の土地を借りて家を建てている場合の権利（借地権）などは、「借地権割合」をかけて評価するため、自宅の土地より減額します。前ページの表では標準的な70%を採用しましたが、地域によって30〜90%の幅があります。自分で調べることもできますが、土地の貸し借りを行っている方は、難しい計算に挑戦するのは早々に見切りをつけ、専門家に依頼したほうがよいでしょう。

路線価方式での調べ方（概算）

❶国税庁のホームページ「路線価図・評価倍率表」（http://www.rosenka.nta.go.jp）で調べたい土地の地図を検索

❷土地が面している道路に書かれた数字を見る

❸❷の数字は1平方メートルあたりの価額（千円単位）。これに面積をかけて計算

（例）❷の数字が650の場合
65万円（路線価）×200㎡（面積）＝1億3000万円（評価額）

国税庁ホームページ「路線価図・評価倍率表」より

倍率方式での調べ方

❶納税通知書または市町村役場で固定資産税評価額を調べる

❷国税庁のホームページ「路線価図・評価倍率表」（http://www.rosenka.nta.go.jp）で調べたい土地の倍率を検索

❸❶に❷をかけて計算

（例）1000万円（固定資産税評価額）×1.1（倍率）＝1100万円（評価額）

必要なら

10ヵ月以内

控除や特例で相続税を減らす

特例を使えば相続税はゼロに？　対象になるかどうかチェック！

相続税を減らす制度をチェック！ ただし、税務署への申告は必要

課税総額がプラスになっても、相続税がゼロになったり、大幅減額できる道は残されています。

適用されれば、多額の節税効果が得られることもありますが、大きな注意点も。それは、これらの控除や特例を使うためには「たとえ相続税が0円になった場合でも相続税の申告が必要」なこと。忘れると、せっかくの制度が適用されず、莫大な相続税を納めねばならない〝悲劇〟につながりかねません。

❶小規模宅地等の特例

故人が居住していた自宅の土地を配偶者や同居親族などが相続した場合、３３０平方メートルまで評価額が80パーセント減額になります。評価額が1億円の土地を２０００万円に減額できれば、住み慣れたわが家を手放さずに済むかもしれません。

自宅のほか店舗などの敷地が80パーセント減、アパートや貸駐車場などとして貸している土地が50パーセント減となるなどの特例を受けられる可能性があります。心当たりのある方は専門家に相談してみましょう。

主な条件

●相続税の申告期限（10ヵ月以内）までに、誰がその土地を相続するのかを決める。

●故人が老人ホームに入っていたために〝別居状態〟にあった場合もOK。要介護や要支援認定を受けていれば、老人ホームなどへの入居前に同居していた家族が対象に。

●配偶者や同居親族がいない場合

は、別居親族でも適用になるケースも。しかしこの場合、過度な節税対策として使われないよう、3年以上持ち家に住んでいないこと（三親等内の親族の家に同居も不可）など、条件は厳しい。

●相続税の申告期限である10ヵ月経過後は、同居の解消や、アパートや駐車場や店舗の売却、廃業をしてもOK。

❷配偶者の税額軽減

配偶者は、相続した財産が1億6000万円まで、または法定相続分までの遺産に対する相続税額については免除されます。つまり、相続財産が1億6000万円を超えた場合も、法定相続分の範囲内なら5億円でも10億円でも配偶者の相続税はゼロになるというわけです。

❸未成年者・障害者の税額控除

相続人が未成年者や障害者である場合、一定額の相続税が差し引かれます。控除額は、未成年者は20歳、障害者は85歳になるまでの年数×10万円（特別障害者は20万円）が上限。差し引きしきれない分については扶養義務者の相続税から差し引くこともできます。

❹贈与税額控除

亡くなる3年以内にもらった生前贈与で贈与税を納めていた場合、相続税から差し引きます。ただし、この3年以内の贈与分は相続税の対象の遺産としてカウントされます。

❺相次相続控除

故人が亡くなる前10年以内に、故人が相続税を納めていた財産を相続することになった場合、相続税から一定の金額が差し引かれます。

たとえば、祖父が亡くなった際に相続税を納めて父が遺産を相続。この父が祖父の死から10年経たずに亡くなり、祖父から父へと受けつがれた遺産を、子どもが相続することになったとき、などです。

必要なら

10カ月以内

自分が払う相続税を計算する

相続税の対象に！　では自分が払う分はいくら？　調べてみましょう

相続税の総額を出してから各相続人の相続割合で計算を

各種特例や控除を適用しても相続税がかかることがわかったら、実際の額を計算します。相続税は、

❶課税遺産総額を、法定相続分で分けたと仮定して、金額を計算

❷❶で出た相続金額の税率・控除額で相続税の総額を計算

❸相続税総額を実際の相続割合で分ける

このように計算方法が複雑なため、左ページで例を使って説明します。

税率と控除額

法定相続分に応ずる取得金額	税率	控除額
1000万円以下	10%	0円
3000万円以下	15%	50万円
5000万円以下	20%	200万円
1億円以下	30%	700万円
2億円以下	40%	1700万円
3億円以下	45%	2700万円
6億円以下	50%	4200万円
6億円超	55%	7200万円

Q 配偶者の税額軽減を使った場合のデメリットは？

A 二次相続の時に税額が高くなることも

配偶者と子どもが相続する一次相続より、夫婦ともに亡くなって子どもだけが相続する二次相続のほうが、相続人が減って控除額が少なくなるうえ、配偶者の税額軽減もないため相続税の総額が高くなる場合があります。そのため、あえて一次相続の段階で子どもに多く相続させたほうが、2回合計の相続税が安くなることも。二次相続までの税負担を想定しながら一次相続を検討しましょう。

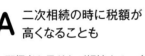

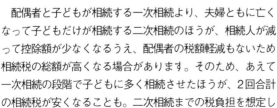

相続税の計算方法

**（例）配偶者（妻）と子ども2人（長男、長女）が1億円の遺産を、
妻8000万円、長男1000万円、長女1000万円の割合で相続**

課税対象となる遺産の合計額 **1億円** － 基礎控除額 **4800万円** ＝ 課税遺産総額 **5200万円**

（＊基礎控除額は、3000万円＋600万円×3人＝4800万円）

125ページのチェックシートの計算結果を使いましょう

❶課税遺産総額（5200万円）を法定相続分で分けた場合の金額を計算します

妻　5200万円×1／2（法定相続分）＝2600万円
長男　5200万円×1／4（法定相続分）＝1300万円
長女　5200万円×1／4（法定相続分）＝1300万円

↓

❷❶で出た相続金額の税率・控除額で相続税の総額を計算します
（＊税率と控除額は右ページの表参照）

妻　2600万円×15%（税率）－50万円（控除額）＝340万円
長男　1300万円×15%（税率）－50万円（控除額）＝145万円
長女　1300万円×15%（税率）－50万円（控除額）＝145万円

3人とも右ページの表の3000万円以下（税率15%、控除額50万円）に当てはまります

340万円＋145万円＋145万円＝630万円（相続税総額）

↓

❸630万円（相続税総額）を実際の相続割合で分けて、各人の相続税を出します

妻　630万円×8／10（8000万円／1億円）＝**504万円**
長男　630万円×1／10（1000万円／1億円）＝**63万円**
長女　630万円×1／10（1000万円／1億円）＝**63万円**

妻は、配偶者の税額軽減を使えば相続税は0円に！

COLUMN

表でかんたんチェック!

相続税の目安

遺産の総額がわかったら、まずはこの表で税額をおおまかにイメージしてみましょう。基礎控除や税率などの複雑な計算なしで、だいたいの目安を知ることができます。

表は、相続人に故人の配偶者がいる「一次相続」と、その配偶者が死亡した際に子どもだけで相続する「二次相続」とに分かれています。一次相続では配偶者の税額軽減（131ページ参照）を適用しているため、配偶者の相続税は0円になっているところが大きなポイントです。税額は法定相続人が法定相続分通りに分けた場合の額となっています。

相続税の目安〈一次相続〉

基礎控除前の遺産総額	相続人の数		
	配偶者＋子ども1人	配偶者＋子ども2人	配偶者＋子ども3人
5000万円	配偶者 0円 子ども 40万円	配偶者 0円 子ども① 5万円 子ども② 5万円	配偶者 0円 子ども① 0円 子ども② 0円 子ども③ 0円
8000万円	配偶者 0円 子ども 235万円	配偶者 0円 子ども① 88万円 子ども② 88万円	配偶者 0円 子ども① 46万円 子ども② 46万円 子ども③ 46万円
1億円	配偶者 0円 子ども 385万円	配偶者 0円 子ども① 158万円 子ども② 158万円	配偶者 0円 子ども① 88万円 子ども② 88万円 子ども③ 88万円
2億円	配偶者 0円 子ども 1670万円	配偶者 0円 子ども① 675万円 子ども② 675万円	配偶者 0円 子ども① 406万円 子ども② 406万円 子ども③ 406万円
3億円	配偶者 0円 子ども 3460万円	配偶者 0円 子ども① 1430万円 子ども② 1430万円	配偶者 0円 子ども① 847万円 子ども② 847万円 子ども③ 847万円

**相続人が多いほど税額は下がります。
同じ遺産総額であれば、
配偶者のいる一次相続より、
二次相続のほうが税額が
アップするのはこのためです。**

税理士
中島朋之さん

相続税の目安〈二次相続〉

基礎控除前の遺産総額	相続人の数		
	子ども1人	子ども2人	子ども3人
5000万円	子ども　160万円	子ども① 40万円 子ども② 40万円	子ども① 7万円 子ども② 7万円 子ども③ 7万円
8000万円	子ども　680万円	子ども① 235万円 子ども② 235万円	子ども① 110万円 子ども② 110万円 子ども③ 110万円
1億円	子ども 1220万円	子ども① 385万円 子ども② 385万円	子ども① 210万円 子ども② 210万円 子ども③ 210万円
2億円	子ども 4860万円	子ども① 1670万円 子ども② 1670万円	子ども① 820万円 子ども② 820万円 子ども③ 820万円
3億円	子ども 9180万円	子ども① 3460万円 子ども② 3460万円	子ども① 1820万円 子ども② 1820万円 子ども③ 1820万円

※1万円未満は四捨五入しています　※国税庁ホームページ等を参考に作成

必要なら

10ヵ月以内

相続税の申告書を提出する

必要書類を集めて申告書を作成し、税務署に提出します

申告も納税も10ヵ月以内!!
特例を使った場合も申告を

相続の手続きもいよいよ最終段階に入りました。税務署に申告書を提出し、納税する場合は原則一括払い。これを相続の開始があったことを知った日から10ヵ月以内に完了させるのがルールです。

125ページでチェックした結果、遺産が基礎控除の範囲内なら申告は不要です。要注意なのは、配偶者の税額軽減や小規模宅地等の特例などを使って相続税をゼロにした場合。申

相続税の申告書を提出する方法

提出する人	相続または遺贈により故人から遺産をもらった人
提出先	故人が住んでいた地域を管轄する税務署
期限	相続の開始があったことを知った日の翌日から10ヵ月以内
必要なもの	相続税の申告書および各種添付書類（左ページの表参照）

Q 納税はしなくていいのですが、申告書は自分で作れますか？

A 遺産に不動産がない場合などは、自分で作る人もいます

相続税については、国税庁のホームページに、所得税の確定申告のような自動計算機能のついた便利な入力フォーマットがありません。自分ですべて行うのはかなり大変です。ただ、亡くなった方の遺産に不動産がなく、現金のみであるなど内容がシンプルな場合は、国税庁のホームページを参考にしたり、税務署で相談したりして自分で行う人もいます。

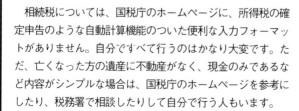

告を忘れると、相続税はゼロになりません。

申告書の添付書類が膨大！とにかく早めに準備を

相続税の申告書には本人確認書類や戸籍謄本等の相続人を証明する書類、遺産分割に関する書類等を提出しなければなりません。そのほか、必須ではありませんが、一般的には預貯金や土地など、遺産の状況に合わせて内容を証明する書類を添付します。

代表的なものを下の表にまとめましたが、個々の状況によって異なるため、詳しくは税務署に確認しましょう。

書類の取り寄せについては、税理士が代行してくれるものもあります。

相続税の申告書に添付する代表的な書類

種類	おもな書類
本人確認	マイナンバーカードか通知カードのコピーなどマイナンバーを確認できるもの（通知カードの場合は運転免許証やパスポートなどの身分証明書のコピーも添付）
遺産分割について	故人の出生から死亡までの戸籍謄本および相続人の戸籍謄本、または法定相続情報一覧図（ともにコピー可）、遺言書または遺産分割協議書（ともにコピー可）、相続人全員の印鑑証明書など
不動産	固定資産税評価証明書、登記事項証明書など
有価証券	証券会社等の残高証明書、配当金支払通知書など
現金・預貯金	残高証明書、預貯金通帳など
保険金・年金・退職金	保険証券、支払保険料計算書、退職金の支払調書など
美術品・貴金属など	内容や時価に関する資料など
自動車、バイク、船舶など	車検証、時価に関する資料など
借入金・ローンなど	金銭消費貸借契約書、返済計画書など
葬儀費用	請求書、領収書など
3年以内の生前贈与財産	贈与契約書、贈与税申告書など

必要なら

10ヵ月以内

相続税を納める

相続税は「一括払い」がルール。期限を過ぎると延滞税が！

相続税は納付書が届かないため忘れないよう注意が必要

住民税や固定資産税などと違い、相続税は納付書が郵送されてくることはありません。期限は申告書の提出と同様、相続の開始があったことを知った日の翌日から10ヵ月以内です。1日でも過ぎると延滞税などがかかってしまいます（143ページ参照）。

納付は「現金一括払い」が基本です。クレジットカードはインターネットでの支払いのみ有効です。

相続税の納付先

納付先	税務署の窓口	銀行・郵便局の窓口	インターネット「国税クレジットカードお支払サイト」	コンビニエンスストア
納付方法	現金（クレジットカード不可）	現金（クレジットカード不可）	クレジットカード	現金（クレジットカード不可）
手数料	なし	なし	最初の1万円までは76円（税別）、以後1万円を超えるごとに76円（税別）加算	なし
領収証書	あり	あり	なし	なし

こんなとき「どうする?」に答えます

Q&A

相続編❷

わが家の場合はどうなる?
よくある疑問点と
知っておくと役立つ情報を
わかりやすく解説します

Q 嫁の私が一人で介護したのだから、舅の遺産を分けてほしいです。

A 嫁も「特別寄与料」として金銭を請求できるようになりました

これまではどんなに献身的に義父母の介護をしても、血縁のない嫁には相続の権利はありませんでした。しかし法改正によって、親族に限り相続人に「特別寄与料」という形で金銭を請求できるようになりました。

請求するには「無償で療養看護等を行う」「故人の財産の維持または増加に貢献した」などの細かい条件があります。たとえば、「1年以上無償で介護に専念したことで、故人の財産から介護費の出費を減少させた」といった場合などが想定されます。

また、特別寄与料には規定がなく、「いくらもらうのが妥当」という目安もありません。すべては相続人との話し合いにより、応じてもらえない場合は家庭裁判所に調停を申し立てることになります。

このように、現実的には支払いをしてもらうまでにもたくさんの手順を踏まなければなりません。相続争いの種ともなりうるため、故人が元気なうちに、遺言書に遺してもらうのがベターといえるでしょう（ただし、遺言書に特別寄与料の法的拘束力はありません）。

請求期限は故人が亡くなったことを知った日から6ヵ月間、知らなかった場合でも亡くなってから1年間です。なお、特別寄与料は「遺贈」扱いとなり、相続税の対象となります。

Q 父から毎年110万円ずつ、暦年贈与を受けていた分はどうなりますか?

A 死亡する前3年分は相続税の課税対象です

贈与税には年間110万円までの基礎控除があり、生前はこの範囲内なら非課税で財産を受け取ることができました（暦年贈与）。ところが、贈与していた人が死亡すると、過去3年間に相続人等がその人から受けていた贈与は相続税の課税対象に持ち戻されます（124ページ参照）。相続財産に過去3年分の贈与分を足して計算した結果、基礎控除額を超えたら課税対象になることも。亡くなるかもしれないといって急に贈与し始めても、節税対策にはならないのです。

こんなとき「どうする?」に答えます
Q&A

Q 息子たちが「相続税を払うお金がない」と言ってきました。母親の私がまとめて納めても大丈夫ですか?

A お母さんがまとめて納めた税金が「贈与」とみなされる場合があります

代表者がまとめて納税し、一時的な立て替えではない場合、そのお金が「贈与」とみなされ贈与税の対象となることがあります。本来納めるべき人からの立て替え分の回収が難しいと思われる場合は、それぞれの相続財産の一部を現金化して納税資金にしてもらいましょう。

なお、相続税には連帯責任があります。相続税を納めていない相続人がいると、他の相続人等に「相続税の連帯納付義務のお知らせ」が届きます。お知らせが届く時点で税務署は督促を行っており、延滞税も発生しています。残る相続人の間で相談のうえ、代理ですみやかに納税しなければなりません。

Q 税務署に申告もれを指摘されやすいものは?

A 「妻のへそくり」や「名義預金」です

相続税の申告もれの4割近くを占めるのが「現金や預貯金」。中でも「妻のへそくり」や子どもや孫の「名義預金」は申告もれしやすいといわれています。

相続税は、名義にかかわらず、亡くなった方が実質的に所有していた財産にかかります。たとえば、専業主婦である妻が生活費をやりくりして貯金した「へそくり」も、実質的な所有者は亡くなった夫と考えられるのです。

本人に知らせずに子どもの名義の口座を作って入金した場合もそうです。たとえば、贈与税の非課税枠が年110万円までだからと、子ども名義の口座を作って毎年110万円を入金していたとします。死後、その通帳が本人に渡っても、入金時点で子ども本人が知らされていなければ、それは「名義預金」とみなされて亡くなった人の財産となります。「あげたつもり」でも生前贈与が成立していない例です。

Q「おしどり贈与」とは何ですか？

A 婚姻20年以上の夫婦間で自宅を贈与する場合、贈与税の課税価格から2000万円控除できる制度です

財産の多い人が亡くなると、当然ながら多額の相続税がかかります。しかし、相続税対策のために生前贈与などで財産を分散しようとすると、贈与税がかかることに……。

そこで、知っておきたいのが通称「おしどり贈与」。結婚して20年以上たった夫婦の間で自宅を生前贈与する場合、贈与税の年間の基礎控除110万円に加えて、2000万円まで控除できるというものです。

生前贈与は、相続財産を一部先に取得した（特別受益）とみなされて、遺産分割の対象に持ち戻される可能性があります。ところが、民法が改正され、婚姻20年以上の夫婦間における自宅の生前贈与は、この対象から原則外れることになりました。相続発生時の遺産分割を考えずに、生前贈与ができるようになったというわけです。

この制度を利用するには、贈与税の申告が必要です。さらに、不動産取得税と登録免許税がかかりますが、相続なら不動産取得税は非課税。登録免許税は、相続なら固定資産評価額の0.4%のところ、贈与は2%と高くなります。小規模宅地等の特例も使えません。メリットばかりではないことを考え、個々の状況に応じて検討するとよいでしょう。

Q 夫が亡くなりました。子どもと相続する場合、家を売らなくてはなりませんか？

A これからは「配偶者居住権」で家を手放さずに済むケースが増えます

遺産に現金が少なく、他の相続人と法定相続分通りに分けたい場合ですね。これまでは、家を売ってでも現金を工面するしかありませんでした。こうすると、配偶者は住む家を失ってしまいます。

そこで、2020年4月に新設されるのが「配偶者居住権」。家の価値を所有権と居住権に分けて相続する制度です。

たとえば、妻と子ども一人で2000万円の現金と3000万円の自宅を法定相続分通り（1：1）に分けたい場合、これまでのように自宅を売って子どもに2500万円の現金を用意するのではなく、自宅の価値を1500万円の所有権と1500万円の居住権とし、所有権と現金1000万円を子どもが相続。配偶者は居住権と現金1000万円を相続できます。住み慣れた自宅を手放さずに老後の生活資金まで手にすることができるようになるわけです。

なお、居住権の価値は妻の年齢や建物の耐用年数などを加味して評価されます。評価は税理士などの専門家に依頼しましょう。

もちろん、子どもが不動産を相続し、その不動産に親を無償で住まわせることも問題ありません。あくまでも「どうしても平等に分けたい場合に検討するもの」と考えるのがよいでしょう。

お金がない！　間に合わない！

相続税、もしものときは？

相続税が支払えないときや税務調査など、素朴な疑問にお答えします

CASE 1

相続税を一括払いできる現金がないとき

まずは相続税の申告期限までに税務署で申請します。申請しないと **CASE 3** と同じ扱いとなり、延滞税などがかかります。申請後、税務署の許可を得てから手続きを行います。

❶**延納**：分割払いのことです。金銭で納付することが困難な金額の範囲内で、相続税額が10万円以上の場合申請できます。延納税額が100万円超で、かつ、延納期間が3年を超える場合は担保を提供する必要があります。なお、延納期間中は利子税がかかります。

❷**物納**：延納でも金銭での納税が困難と判断された場合に適用されることがあります。物納といっても何でもよいわけではなく、不動産や国債証券、株式、動産など、種類と優先順位が決められています。

CASE 2

遺産分割協議でもめていて申告が間に合わないとき

遺産分割協議が終わらないと、各人の相続税額は計算できません。しかし、必ずしも相続税の申告期限までに遺産分割協議が整うとは限りません。この場合も、相続税の申告と納付は期限内に行わなくてはならず、未分割の遺産を法定相続分で取得したものと仮定し、かつ、多くの人に関係する「配偶者の税額軽減」と「小規模宅地等の特例」の2つの特例も使わずに税額を計算することになります。

この場合には、当初の申告の際に「申告期限後3年以内の分割見込書」を提出しておきましょう。その後、申告期限後3年以内に遺産分割を確定させ、「更正の請求」を行えば、特例を適用して計算した税額に再計算され、一度納税した税金が還付されます。

**相続税は
間違いに対しても
ペナルティーがあります。
自分でやろうとするより、
費用がかかっても
税理士に相談して正しく
納税するほうが、
トータルでみると
無駄がありません。**

税理士
中島朋之さん

CASE 3 申告を間違えたとき

納めるべき相続税より少なかったときにはペナルティーが科せられます。反対に、多く納めすぎたときにも対応が必要です。

❶納めた相続税が少なかった：不足分の相続税＋延滞税＋過少申告加算税がかかります。調査の事前通知の前に自主的に修正申告すれば、過少申告加算税はかかりません。
❷納めた相続税が多すぎた：更正の請求をして、税金を還付してもらいます（相続税の申告期限から5年以内）。

CASE 4 申告と納税が遅れてしまったとき

申告が遅れた場合は、状況により各種ペナルティーが科せられます。日々加算されていきますので、すみやかに行動を起こしましょう。

相続税のペナルティー

	種類	税率
期限までに納税しなかったとき	延滞税	2ヵ月までは年2.6%、それ以降は年8.9%
期限までに申告と納税をしなかったとき	無申告加算税	15%または20%
期限までに申告と納税をした額に不足があり修正をしたとき	過少申告加算税	10%または15%
隠ぺい・仮装行為があったとき	重加算税	35%または40%

※税率は基本パターン。個々の状況によってさらに加算・軽減・免除されるケースあり（数字は2019年度）

TOPICS

税務署から「ご案内」が届くのはどういう人？

税務署から「相続税についてのお知らせ」や「相続税の申告等についてのご案内」などの通知が届いた人は、「申告や納税が必要になる可能性が高い」と判断された人です。税務署は相続が発生したかどうかを把握しています。さらに、過去の所得税などの申告状況や不動産の所有状況のみならず、マイナンバーを利用した金融資産情報などからも情報を集約しています。届いた場合はきちんと対応しましょう。もちろん、届かなかったからといって申告や納税が不要とは限りません。

COLUMN

どの専門家に何を頼めばいい？

専門家の選び方

税金関係なら税理士、もめたら弁護士、不動産関係は司法書士

人に紹介してもらうのが◎ 相続の経験豊富かどうかが重要

どの専門家に何を頼めばいいのかは、相続の経験がなければ判断が難しいはずです。

一般には、相続税の申告や節税対策、財産評価など、お金に関することなら税理士、遺産分割でもめたら弁護士、不動産関係なら司法書士、と覚えておくとよいでしょう。

いずれも、遺産相続の経験豊富な事務所がベスト。自分で探すのではなく、取引のある銀行や保険会社、葬儀社から紹介してもらうケースが多いと言われています。また、その専門家の扱う分野外の事柄が発生した場合は、税理士から弁護士に、弁護士から司法書士にといった具合に、専門家同士のネットワークを通じて適切な専門家を紹介してもらうのが一般的です。

可能な限り相見積もりを 価値観が合うかどうかも大切

また、可能であれば複数の事務所から相見積もりを取るのがおすすめ。資料収集や打ち合わせなどで自宅に来てもらうこともあるため、「この人なら安心できる」と思えるかどうか、価値観が合うかどうかも大切です。たとえば税理士の場合、どんなに遺産相続に詳しくても、家族構成や個々の事情を考えずに節税のアドバイスをしているようでは、円満な相続が実現できるのでしょうか。疑問の残るところです。

もし自分で探したい場合は、インターネットのホームページなどから探すことになるでしょう。相続を専門に扱ってきたかどうかが見極めどころとなります。

TOPICS

相続税は税務調査を受けやすい!

相続税を申告して税務調査を受ける割合はおよそ1割程度。驚くべきことに、税務調査を受けた人の83.7%（全国平均／2017年度）が何らかの申告漏れを指摘されています。

税務調査は申告から1～2年後のケースが多いようです。事前に電話などで連絡があり、日程調整のうえ調査官が自宅にやってきます（税理士の立ち合い可）。調査はほとんどが強制ではなく任意ですが、断ると罰則がありますので、実際には受けなければなりません。連絡をしてくる段階で、税務署は内部資料などですでに〝根拠〟をつかんでいることが大半です。大切なのは隠しごとをせず、正直に答えること。うそがばれ、悪質とみなされると、ペナルティーもより重いものが科せられるからです。

Q 申告書を自分で書くことはできますか？

A できないわけではありませんが、特例の適用を知らず税金を払いすぎてしまうことも

申告や納税が必要になった場合は、基本的には専門家に依頼するのがおすすめです。自分で申告書を作成してはいけないわけではありませんが、専門知識のない人が税の計算や土地などの財産評価を正しく行うのはきわめて困難です。また、特例の適用を知らず税金を多く払ってしまったり、間違いや申告もれがあった場合、延滞税や過少申告加算税などが課されることも（143ページ参照）。国税庁のホームページを参考にしたり、税務署に通って質問しながら申告書を作るには相当の気力と時間を要することを考えると、費用がかかっても専門家に頼んだほうが安心です。

必須！

いつでも

預貯金の解約・名義変更（金融機関）

死亡により凍結された金融機関の口座から預貯金を払い戻します

預貯金の残高を確認し、相続人たちで取り扱いを決める

遺言で預貯金の扱いの明記がなかった場合、遺産分割協議をするにあたり、亡くなった方が銀行などの口座にいくら残しているかを知らなければなりません。また、相続税を申告するには、相続が発生した日の預貯金の残高を証明する残高証明書が必要です。そこで、金融機関に口座の残高や取引履歴を見せてもらう請求をします。

その後、相続人のなかで預貯金の

残高証明書・取引履歴証明書の請求方法

請求先	口座のある金融機関
必要なもの （※金融機関によって異なる場合も。詳細は電話等で確認を）	●戸籍謄本など、故人の死亡が確認できる書類★　●請求者が相続人（または遺言執行者・相続財産管理人）であることが確認できる書類★ ●請求者の実印と印鑑登録証明書
請求できる人	相続人の代表者、遺言執行者、相続財産管理人
期限	なし
手数料	金融機関によって異なる

★＝「法定相続情報一覧図の写し」（153ページ参照）で代用できる場合が多い

Q 銀行関係は「とにかく書類集めが大変」と聞きました。

A 電話などで前もって確認し、効率よく手続きしましょう

戸籍謄本など、必要となる書類は基本的にどの金融機関も同じですが、金融機関所定の届出用紙に記載する内容や必要書類は、遺言書や遺産分割協議書の有無により変わることもあります。印鑑証明書の有効期限も各金融機関で異なりますので、事前に確認するとよいでしょう。

取り扱い方がまとまったら、金融機関に口座の解約や名義変更などの依頼をして、預貯金を払い戻します。

凍結された口座の払い戻しには相続人全員の署名捺印が必要

まず、口座のある金融機関から所定の届出用紙（相続届など）をもらい、相続人全員で署名捺印します。故人や相続人全員の戸籍謄本のほか、遺言書や遺産分割協議書があれば、それらも提出します。相続人の代表者が金融機関に提出すると、10日〜数週間ほどで手続きが完了し、払い戻し（指定口座への振り込み）されます。期限はありません。

なお、葬儀費用などのため遺産分割前に預貯金の一部を相続人が払い戻すこともできます（81ページ参照）。

預貯金の解約・名義変更の方法

<table>
<tr><td>手続き先</td><td colspan="2">各金融機関</td></tr>
<tr><td>手続きする人</td><td colspan="2">相続人の代表者、遺言執行者、相続財産管理人</td></tr>
<tr><td rowspan="2">必要なもの</td><td colspan="2">〈共通〉
●故人の預金通帳、キャッシュカード、届出印
●金融機関所定の届出用紙（相続届など）
●手続きをする人の身分証明書、実印
●故人の戸籍（除籍）謄本（故人の出生から死亡までの連続したもの）★
●相続人全員の戸籍謄本★</td></tr>
<tr><td>〈遺言がある場合〉
●遺言書
（自筆の場合は検認済証明書付きで）
●印鑑登録証明書
（払い戻しを受ける人）</td><td>〈遺言がない場合〉
①遺産分割協議の場合
●遺産分割協議書
●印鑑登録証明書（相続人全員分）
②調停・審判の場合
●調停調書謄本または審判書謄本・確定証明書
（家庭裁判所で発行）
●印鑑登録証明書
（審判等で指定された人全員分）</td></tr>
<tr><td>期限</td><td colspan="2">いつでも</td></tr>
</table>

★＝「法定相続情報一覧図の写し」（153ページ参照）で代用できる金融機関もあり
※金融機関によって異なる場合も。詳細は電話等で確認を

必要なら

いつでも

有価証券（株式など）の名義変更

手続きの方法は、基本的に預貯金とほぼ同じですが、口座移管が必要な場合も

有価証券は解約できないため相続する人の口座に移管する

株式などの有価証券を相続する場合、手続きの流れは預貯金の名義変更とほぼ同じですが、大きく違うのは、一旦、相続人の口座に移管手続きをしなければならない場合もある点です。相続人がその証券会社に口座を持っていない場合は、新たに口座を開くことになります。売却の手続きは、こうした名義変更が完了してからの場合があります。

自社株などの非上場株式を所有している場合は、その株式の発行会社に連絡を取って確認しましょう。
また、投資信託も株式と同様、相続する人の口座に移す手続きから始まります。
詳しくは金融機関（銀行や証券会社）に問い合わせましょう。

税理士
中島朋之さん

Q 株式を持っていたかどうかわかりません。

A 郵便物や通帳などからわかることがあります

まず、郵便物や通帳などから、亡くなった方が株式など有価証券の取り引きをしていたかどうかを探ります。何らかの痕跡があるなら、口座のある証券会社のカスタマーセンターなどに電話で問い合わせを。口座番号がわからなくても、亡くなった方の住所や生年月日を伝え、死亡したことの証明と相続人の本人確認ができれば調べてもらえます。

有価証券の名義変更の方法

<table>
<tr><td>手続き先</td><td colspan="2">各証券会社</td></tr>
<tr><td>手続きする人</td><td colspan="2">相続人の代表者、遺言執行者、相続財産管理人</td></tr>
<tr><td rowspan="2">必要なもの</td><td colspan="2">〈共通〉
●故人のキャッシュカード、届出印
●相続関係手続依頼書（証券会社所定の用紙）
●手続きをする人の身分証明書、実印
●故人の戸籍（除籍）謄本（故人の出生から死亡までの連続したもの）★
●相続人全員の戸籍謄本★</td></tr>
<tr><td>〈遺言がある場合〉
●遺言書
（自筆の場合は検認済証明書付きで）
●印鑑登録証明書
（相続する人）</td><td>〈遺言がない場合〉
①遺産分割協議の場合
●遺産分割協議書
●印鑑登録証明書（相続人全員分）
②調停・審判の場合
●調停調書謄本または審判書謄本・確定証明書
（家庭裁判所で発行）
●印鑑登録証明書
（審判等で指定された人全員分）</td></tr>
<tr><td>期限</td><td colspan="2">いつでも</td></tr>
</table>

★＝「法定相続情報一覧図の写し」（153ページ参照）で代用できる金融機関もあり
※証券会社によって異なる場合も。詳細は電話等で確認を

TOPICS

タンスから古い株券が出てきたら……

故人の遺品を整理していて、タンスや押し入れから古い株券が出てきたら、どう対処したらよいものか困りますね。上場会社は、株券の電子化により、紙の株券を2009年から廃止しています。しかし、紙の株券が〝ただの紙くず〟になったわけではなく、株を発行していた会社がなくならない限り、権利は生きているはずです。まずは電話やインターネットなどで株主名簿を管理している信託銀行などを調べ、連絡を取ってみましょう。眠っていた株式が見つかったら、手順を確認して相続手続きを進めます。

必要なら

いつでも

不動産の名義変更（所有権移転登記）

自宅など、土地や建物を相続したら管轄の法務局で手続きを行います

登記申請書を作成して登録免許税を支払う

不動産の相続が決まったら、管轄の法務局で所有権移転登記を行います。登記申請書は、法務局のホームページなどに掲載されている見本を参考にA４の用紙で作成します。登録時には登録免許税（相続の場合、課税価格の０・４パーセント）が必要です。添付書類も多く、その手配から提出まで、まとめて司法書士に頼んでもいいでしょう。なお、手続きに期限はありません。

不動産の名義変更の方法

<table>
<tr><td>手続き先</td><td colspan="2">管轄の法務局</td></tr>
<tr><td>手続きする人</td><td colspan="2">相続人（または代理人）</td></tr>
<tr><td rowspan="2">必要なもの</td><td colspan="2">〈共通〉
●登記申請書
●固定資産評価証明書
●故人の戸籍謄本（故人の出生から死亡までの連続したもの）★
●故人の住民票（除票）の写し
●相続する人の戸籍謄本★
●相続する人の住民票の写し
●相続関係説明図★</td></tr>
<tr><td>〈遺言がある場合〉
●遺言書（自筆の場合は検認済証明書付きで）</td><td>〈遺言がない場合〉
●遺産分割協議書
●印鑑登録証明書（相続人全員分）
●戸籍謄本（相続人全員分）★</td></tr>
<tr><td>費用
（登録免許税）</td><td colspan="2">課税価格の0.4％（遺贈の場合は2％）</td></tr>
<tr><td>期限</td><td colspan="2">いつでも</td></tr>
</table>

★＝「法定相続情報一覧図の写し」（153ページ参照）で代用可
※相続のケースによって異なる場合も。詳細は電話等で確認を

TOPICS

相続関係説明図

被相続人と相続人の関係を図にしたものです。「法定相続情報一覧図」（153ページ参照）と似ていますが、違う点は、この書類の認証を受ける必要がないこと。難しいものではなく、法務局のホームページの見本などを参考に自分で作成できます。手続き先が2〜3件程度と少ない場合は「法定相続情報証明制度」を利用せずに、この相続関係説明図を作って戸籍謄本と一緒に提出したほうが早そうです。

相続関係説明図の例

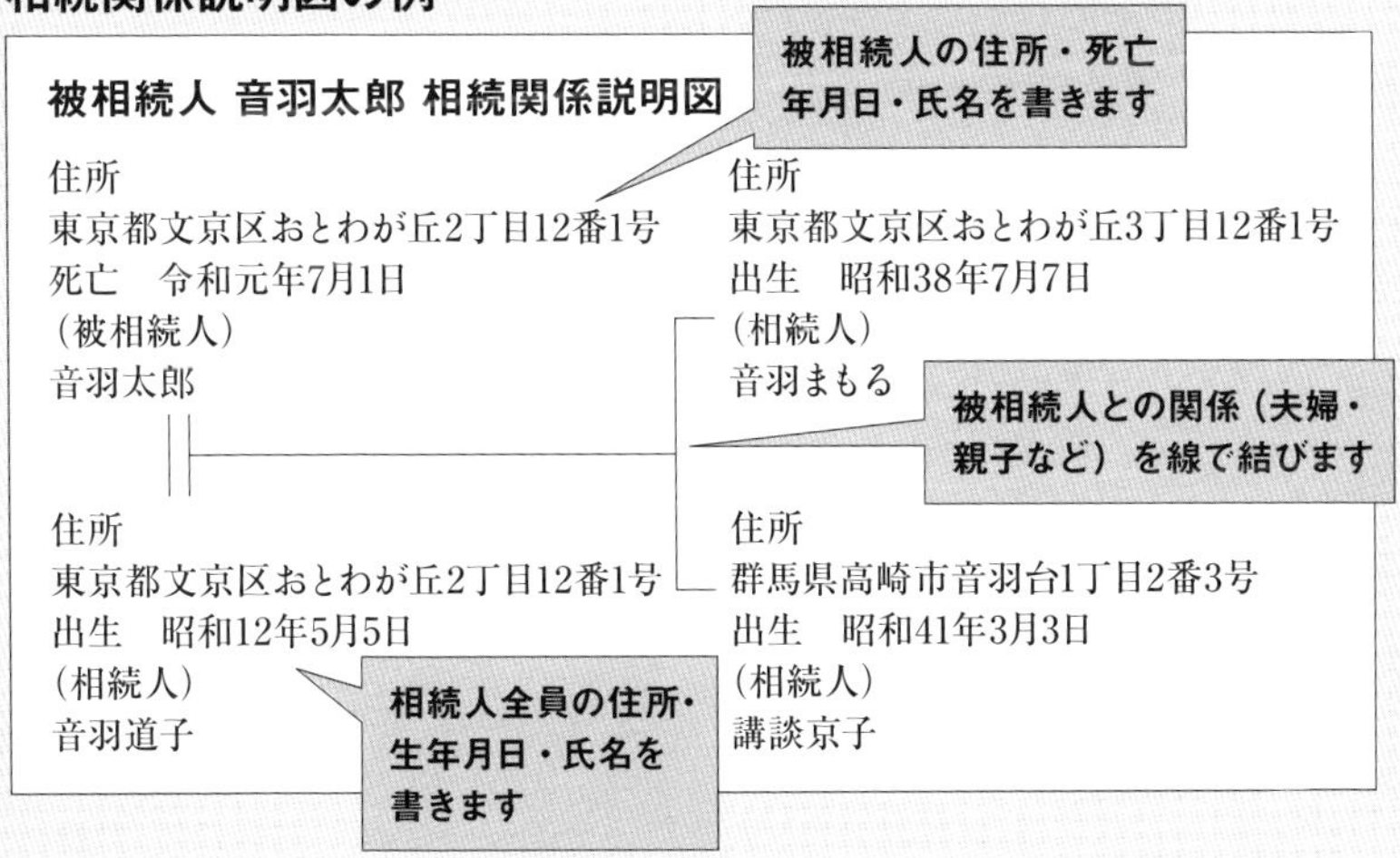

Q 売るつもりがないので、名義変更しなくてもいいですか？

A 次の世代に負担をかけることになります

不動産の名義変更には期限や罰則がありません。登記の手間や登録免許税もかかるため「売らずに住み続けるからこのままでいいか」と名義変更しないこともあるようです。

しかしいずれ誰かが売却や、その不動産を担保に融資を受けようとしても、本人名義になっていないとできません。世代が進むほど相続人が増えるため、連絡を取るのも大変になります。

自分の世代ですべきことを、次の世代に持ち越さないようにしましょう。

必要なら

いつでも

自動車の名義変更

ナンバープレートを交付している運輸支局等で手続きします

売却や廃車にする予定でもまずは名義変更が必要

自動車は、すぐに売却したり廃車にするつもりでも、いったんは相続による名義変更が必要です。

自動車の相続について記載した遺産分割協議書を作成し、ナンバープレートを交付した管轄の運輸支局または自動車検査登録事務所で手続きを行います。なお、故人名義のままで自動車を使用し事故を起こした場合、保険内容によっては補償が受けられなくなる可能性もあります。

自動車の名義変更の方法

手続き先	管轄の運輸支局または自動車検査登録事務所。 軽自動車の場合は軽自動車検査協会
手続きする人	相続人（または代理人）
必要なもの	●移転登録申請書 （窓口でもらうか、国土交通省のホームページからダウンロード） ●車検証 ●手数料納付書 ●自動車税納付書 ●車庫証明書（使用場所が変わる場合のみ） ●遺産分割協議書 （相続人全員の印鑑証明付き） ●故人の戸籍（除籍）謄本 （故人の死亡がわかるもの）★ ●相続人の戸籍謄本 （相続人全員が記載されているもの）★
手数料	500円 （ナンバーを変更する場合は約2000円）
期限	いつでも

★＝「法定相続情報一覧図の写し」（153ページ参照）で代用可
※相続のケースによって異なる場合も。詳細は電話等で確認を

TOPICS

法定相続情報証明制度

銀行や不動産など、名義変更のたびに戸籍謄本の束を使いまわすのは大変！　そんなときに利用できるのがこの制度です。法務局に必要書類を提出すると、戸籍謄本の代わりに使える情報を1枚にまとめた「法定相続情報一覧図」の写し（認証文付き）を、無料で何枚でも発行してもらえます。申請するには「法定相続情報一覧図」を自分で作成しなければなりませんが、パソコンがあれば法務局のホームページのフォーマットで作れます。もちろん手書きでもOK。面倒なら専門家に依頼してもよいでしょう。

なお、申請は、法務局の窓口のほか郵送でもできますが、手間を考えると名義変更が2〜3件程度なら、わざわざ利用しなくてもよいかもしれません。それぞれの状況に合わせて判断しましょう。

法定相続情報一覧図の例

被相続人　音羽太郎　法定相続情報

最後の住所
東京都文京区おとわが丘2丁目12番1号
最後の本籍
東京都文京区おとわが丘2丁目12番地
出生　昭和9年5月1日
死亡　令和元年7月1日
（被相続人）
音羽太郎

住所
東京都文京区おとわが丘2丁目12番1号
出生　昭和12年5月5日
（妻）
音羽道子

住所
東京都文京区おとわが丘3丁目12番1号
出生　昭和38年7月7日
（長男）
音羽まもる（申出人）

住所
群馬県高崎市音羽台1丁目2番3号
出生　昭和41年3月3日
（長女）
講談京子

以下余白

作成日：令和元年12月1日
作成者：住所　東京都文京区おとわが丘3丁目12番1号
氏名　音羽まもる　（音羽）

※法務局ホームページ「主な法定相続情報一覧図の様式及び記載例」より作成

必要

いつでも

もしものときの「生前整理」リスト

遺された人が困らないよう、「もしも」のときに伝えたいことを整理しましょう

「家族でも聞きにくい」ことこそ自分で整理しておこう

身内が亡くなった後の手続きを一通り経験すると、よく聞く「生前整理」の大切さを実感すると思います。とはいえ「死後のこと」は夫婦でも親子でも聞きにくいもの。やはり、自分のことは自分でまとめておくのがいちばんです。

左のページでは、その主なものをチェックリストにしました。すぐにわかるところから少しずつ、ノートなどに書き出しておきましょう。

TOPICS

保管場所もわかるようにしておきたいもの

手続きの時に必要な〝現物〟の保管場所も、遺された人がわかるようにしておきましょう。下のリストがその代表的なものです。ただし安全上、取り扱いには注意を。暗証番号やパスワード、現金や鍵、その他金銭的価値のあるものの具体的な保管場所も含め、万一のことを考えて〝あなたと家族だけにわかる〟対策を。

保管場所がわかるようにしておきたい主なものリスト

種類	内容
金融機関	通帳、キャッシュカード、定期預金証書、貸金庫の鍵など
不動産	登記済権利証、登記識別情報通知書、不動産売買契約書、土地賃貸借契約書など
有価証券	証券会社の取引報告書、株式の売買契約書など
年金	年金手帳、年金証書など
公的保険	健康保険証、介護保険証、後期高齢者医療保険証など
生命保険・医療保険	保険証券など
その他	運転免許証、パスポート、マイナンバーカード、ゴルフ会員権証書、印鑑、印鑑登録証の番号、各種契約書など

Check! もしものときのためにまとめておきたい主な内容

□	現金の預け先（金融機関名、支店名、口座の種類、口座番号など）
□	有価証券（株式や債券などの種類、銘柄、株式数、証券会社名、口座番号など）
□	その他の金融資産があるか（投資信託、純金積み立てなど）
□	会員権があるか（ゴルフ会員権、リゾート会員権など）
□	金庫があるか（貸金庫の場合は場所など）
□	タンス預金、記念硬貨などが自宅にあるか
□	売ればお金になりそうな美術品、骨董品などがあるか
□	電子マネーを利用しているか（利用している場合は種類など）
□	不動産（有無、土地や建物などの種類、名義人、所在地など）
□	貸し借りしている不動産があるか
□	加入している保険（生命保険、医療保険、火災保険、自動車保険などの保険会社名、保険の種類など）
□	加入している年金（公的年金や個人年金、企業年金などの種類と内容）
□	クレジットカード（銘柄、引き落とし口座）
□	クレジットカード払いにしている契約（公共料金、電話、テレビなど）
□	固定電話、携帯電話（電話会社名、電話番号など）
□	定期購読、定期通販（新聞、雑誌、食品、日用品など）
□	会費を払っているサービス(スポーツジムや習い事の詳細、会費の支払い方法)
□	電気、ガス、水道の契約先
□	テレビの契約（NHK、ケーブルテレビ、BS、CSなどの契約内容）
□	パソコン関連（メーカーや型番、ID、メールアドレスなど）
□	インターネット関連契約（プロバイダー名など）
□	インターネット銀行の口座があるか（あれば銀行名、IDなど）
□	SNSなどを利用しているか（利用していればサービス名やID、登録メールアドレスなど）
□	トランクルームやレンタル倉庫などを利用しているか（利用している場合は会社名と場所など）
□	遺言書があるか（あれば種類、保管場所など）
□	ローンや借金があるか（あれば借入先や借入残高、返済期限など）
□	連帯保証人になっているか（なっていればその内容）
□	病気の告知や延命治療についての希望
□	葬儀の規模や内容
□	遺影の希望
□	お墓の希望
□	その他、これだけは伝えておきたいこと

COLUMN

自分で書ける？　専門家に頼むといくらかかる？

遺言書について知っておきましょう

自分の家族を「争族」にしないために、今から考えておきましょう

実は、財産が少ないほど「争族」になりやすい！

相続が原因で家族、特にきょうだいが絶縁したという話が後を絶ちません。「財産が少ないからうちは大丈夫」などと思われがちですが、実は、〝財産が少ないほどトラブルは多い〟のが現実。家庭裁判所に持ち込まれる遺産分割争いの大半は、遺言書があれば防げたとも言われています。

そこで、遺言書の形式で代表的な「自筆証書遺言」と「公正証書遺言」について紹介します。

❶自筆証書遺言

文字通り、自筆で書く遺言書。パソコン等で作成できるのは財産目録のみ（通帳のコピー等もＯＫ）で、全文を本人が手書きします。いつでも書け、費用もかからず、黙っていれば内容を秘密にすることも可能。

ただし、死後に家庭裁判所で検認手続きが必要で、不備があると無効となったり、紛失や改ざんなど、保管上の不安も。法務局で保管する制度（２０２０年７月開始予定）を利用すれば、検認手続きは不要に。

Check! 自筆証書遺言を作る時のポイント

- ☐ 全文を自筆：どんなに〝悪筆〟でも、パソコン等で遺言を作ると無効に（財産目録はOK）。動画や録音等も不可です。
- ☐ 作成年月日を自筆：「〇年〇月〇日」と明記。和暦でも西暦でもOKですが、「3月吉日」等は日付が特定できないので不可。「60歳の誕生日に」等も避けたほうが無難。
- ☐ 署名を自筆：本名のフルネームで署名を。住所はなくてもかまいませんが、できるだけ書いておくのがおすすめ。
- ☐ 押印：実印でなくても、認め印でも可。

❷公正証書遺言

公証人に依頼して、自分が口述したものを書面にまとめてもらう遺言書です。公証人が作るため不備があることはほとんどなく、検認手続きも不要。原本は公証役場で保管されるため、紛失や改ざんのおそれもありません。

ただし、下記のとおり費用がかかります。実印や印鑑登録証明書、身分証明書や戸籍謄本なども用意しなければなりません。また、2人以上の証人が必要です（公証役場で手配可）。証人の前で口述するため、内容を秘密にすることはできません。

通常は公証役場に出向いて口述しますが、出張手数料などを支払って自宅等で行うこともできます。

Q 公正証書遺言の費用はどのくらい？

A 財産の総額と相続人の数によって決まります

たとえば「6000万円の財産を相続人3人で2000万円ずつ分ける」内容の遺言書の場合、下の表から、**2万3000円**（財産の額が2000万円の場合の手数料）**×3人**（相続人の数）**+1万1000円**（作成手数料）がかかります。このほかに、人数分の証人費用（行政書士などに依頼した場合）や、遺言の原案作成費用などの諸費用が発生します。諸費用については依頼先によって異なるため、事前に確認しましょう。

公正証書遺言の作成費用

相続人一人あたりがもらう財産の額	手数料（×人数分）
100万円以下	5000円
100万円を超え200万円以下	7000円
200万円を超え500万円以下	1万1000円
500万円を超え1000万円以下	1万7000円
1000万円を超え3000万円以下	2万3000円
3000万円を超え5000万円以下	2万9000円
5000万円を超え1億円以下	4万3000円
1億円を超え3億円以下	4万3000円＋超過額5000万円までごとに1万3000円を加算
3億円を超え10億円以下	9万5000円＋超過額5000万円までごとに1万1000円を加算した額
10億円を超える場合	24万9000円＋超過額5000万円までごとに8000円を加算した額

※上記のほかに必要となる主な費用…●作成手数料（財産が1億円以下の場合に必要）1万1000円　●証人費用　●公正証書遺言原案作成費用

葬儀・手続きに関する知っておきたい用語集

あ行

- **遺産分割協議《いさんぶんかつきょうぎ》**……遺産を相続する人が全員で遺産の分け方を決める話し合いのこと。
- **遺贈《いぞう》**……亡くなった人の遺言で、特定の人や団体に財産を渡すこと。渡す相手に制限はなく誰でも可。遺贈によりもらった財産は相続税の対象となる。
- **遺族年金《いぞくねんきん》**……国民年金または厚生年金保険に加入していた人が亡くなったときに、その人によって生計を維持されていた遺族に支給される年金。支給には一定の条件がある。
- **一次相続《いちじそうぞく》と二次相続《にじそうぞく》**……一般的に、一次相続とは、両親のどちらかが亡くなり、故人の配偶者と子どもが相続することをさす。二次相続とは、一次相続後に遺された配偶者も亡くなって子どもだけが相続することをさす。
- **遺留分《いりゅうぶん》**……民法が定めた相続人に保障されている最低限相続できる財産割合。亡くなった人のきょうだいとその子どもにはこの権利は発生しない。遺言等により遺留分が侵害された場合は、「遺留分侵害額の請求」を行えば取り戻すことができる。
- **姻族《いんぞく》**……配偶者の血族および、自分の血族の配偶者のこと。婚姻によって発生した関係であるため、離婚すると消滅する。

か行

- **基礎控除《きそこうじょ》**……税額を計算するとき、すべての納税者が課税価格から差し引くことができる一定の金額のこと。
- **健康保険《けんこうほけん》の被保険者《ひほけんしゃ》**……健康保険に加入している本人のこと。配偶者や子どもなど、被保険者に扶養されている家族は「被扶養者」となる。
- **限定承認《げんていしょうにん》**……亡くなった人のプラスの遺産の範囲内でマイナスの遺産を相続すること。手続きの期限は相続があることを知ってから3ヵ月以内。
- **検認《けんにん》**……家庭裁判所が、遺言書の存在と内容を確認する手続き。遺言書の形状、加除訂正の状態、日付、署名など遺言書の内容を明確にして偽造・変造を防止する目的で行う。遺言書の有効・無効を判断する手続きではない。
- **高額療養費制度《こうがくりょうようひせいど》**……病院や薬局の窓口で支払った額が、同一月（1日から月末まで）で限度額を超えたら、超えた分が払い戻される制度。限度額は年齢や所得により異なり、本人が亡くなった後でも相続人が申請できる。
- **戸籍謄本《こせきとうほん》**……戸籍に入っている全員の事項を記載した証明書。コンピュータ化後のものは「戸籍全部事項証明書」という。

さ行

- **死亡診断書《しぼうしんだんしょ》**……生前に診療を受けていた傷病に関連して死亡したと認める場合に、診療していた医師から交付される診断書。事件や事故など、生前に診療を受けていた傷病以外の理由で死亡した場合には「死体検案書《したいけんあんしょ》」が交付される。「死亡診断書」「死体検案書」とも、死亡の状況に異状があると判断された場合には、捜査機関による検視等を行ったうえで交付される。

●**住民票《じゅうみんひょう》の除票《じょひょう》**…死亡や転出により、住民登録が抹消された住民票。「除住民票《じょじゅうみんひょう》」ともいう。

●**準確定申告《じゅんかくていしんこく》**……所得税の確定申告が必要な人が亡くなった場合、相続人が、相続の開始があったことを知った日の翌日から4ヵ月以内に、相続人などが代わりに行う申告手続きのこと。

●**除籍謄本《じょせきとうほん》**………死亡や結婚、離婚などで、戸籍から全員が除かれている戸籍を「除籍」といい、この除籍に記載されている全員を証明するもの。コンピュータ化後のものは「除籍全部事項証明書」という。

●**相続時精算課税制度《そうぞくじせいさんかぜいせいど》**

…………………………2500万円までの生前贈与に対して贈与税を非課税とし、相続が発生した際に、他の遺産にこの生前贈与分も加えて相続税の申告・納付を行う制度。対象となるのは、原則として60歳以上の父母または祖父母から、20歳以上の子どもまたは孫に贈与をする場合。なお、一度選択すると、その後の贈与はこの制度が適用され、暦年課税贈与《れきねんかぜいぞうよ》への変更や併用はできない。

●**相続放棄《そうぞくほうき》**………亡くなった人から権利や義務を一切継承しないこと。マイナスの遺産だけでなく、プラスの遺産も継承することができなくなる。手続きの期限は相続があることを知ってから3ヵ月以内。

た行

●**代襲相続《だいしゅうそうぞく》**………亡くなった人の遺産を本来相続するはずだった子どもまたはきょうだいがすでに死亡などで不在の場合に、代わりに相続すること。子どもの代襲相続は孫、孫の代襲相続は曾孫《ひまご》、曾孫の代襲相続は玄孫《やしゃご》……と子どもの代襲相続には制限がないが、きょうだいの代襲相続はおい・めいの代までに限られる。

は行

●**被相続人《ひそうぞくにん》**…………遺産の持ち主で亡くなった人のこと。

●**法定相続情報証明制度《ほうていそうぞくじょうほうしょうめいせいど》**

…………………………法務局に必要書類とともに提出した「法定相続情報一覧図」に認証文がついた写しを、戸除籍謄本等の束の代わりとして使える制度。相続に伴う名義変更等の際の手間を省く目的で作られた。

●**法定相続人《ほうていそうぞくにん》**……民法の定めにより、血縁者の中で遺産を相続する権利のある人。

●**法定相続分《ほうていそうぞくぶん》**……法定相続人の誰がどのくらい遺産を相続するかを民法で定めた割合のこと。

ま行

●**みなし相続財産《そうぞくざいさん》**

…………………………被相続人固有の財産ではないが、相続税の課税対象となる財産のこと。代表的なものは、生命保険金、死亡退職金。

ら行

●**暦年課税贈与《れきねんかぜいぞうよ》**…毎年1月1日〜12月31日の間（暦年）に行う贈与の年間合計額が基礎控除の110万円以下であれば、贈与税がかからないという課税方式。

監修者プロフィール

白根 剛（しらね・たけし）

1964年生まれ。株式会社セレモア取締役専務執行役員。厚生労働省認定葬祭ディレクター技能審査一級葬祭ディレクター。家族葬から4万人規模の社葬・大規模葬まで手掛ける。大切な方を亡くした悲しみに寄り添いながら、長年にわたり遺族をサポート。「後悔のない、あたたかな葬儀」を心掛けている。

磯村修世（いそむら・しゅうせい）

1952年生まれ。ところざわ相続専門学院代表。行政書士。一般企業勤務を経て、相続専門の行政書士に。死後の諸手続きの相談を遺族から受けるうちに、トラブルを減らす必要性を痛感し、遺産相続の専門学院を創設。さまざまな手続きのアドバイスをはじめ、有効な遺言書の作成の仕方などを教えている。

中島朋之（なかじま・ともゆき）

1978年生まれ。アクタス税理士法人所属。税理士、行政書士。遺産相続に関するスペシャリストとして、それぞれの遺族の立場を考えた円満な相続の実現に向けた提案を心掛け、毎年数多くの遺産分割、相続税申告業務を行っている。

編集協力　高木香織
マンガ・イラスト　いぢちひろゆき
ブックデザイン　片柳綾子　原 由香里　田畑知香（DNPメディア・アートOSC）

講談社の実用BOOK

身内《みうち》が亡《な》くなったときにすぐすべきこと　知《し》っておくべきこと

2020年3月25日　第1刷発行

講談社《こうだんしゃ》編

監修　白根 剛　磯村修世　中島朋之

発行者　渡瀬昌彦
発行所　株式会社講談社
〒112-8001　東京都文京区音羽2-12-21
電話　編集　03-5395-3527
販売　03-5395-3606
業務　03-5395-3615

印　刷　大日本印刷株式会社
製　本　株式会社国宝社

定価はカバーに表示してあります。

ISBN 978-4-06-516867-7